知识生产的原创基地

BASE FOR ORIGINAL CREATIVE CONTENT

颉腾文化

JIE TENG CULTURE

U0951661

高效24小时

工作生活平衡的时间管理

〔日〕池田贵将——著

岳珊——译

西苑出版社
XIYUAN PUBLISHING HOUSE
·北京·

图书在版编目（CIP）数据

高效 24 小时：工作生活平衡的时间管理 /（日）池田贵将著；岳珊译．— 北京：西苑出版社，2022.8
ISBN 978-7-5151-0852-0

Ⅰ．①高… Ⅱ．①池… ②岳… Ⅲ．①时间 – 管理 – 通俗读物 Ⅳ．① C935-49

中国版本图书馆 CIP 数据核字 (2022) 第 122265 号

24JIKAN SUBETE WO JIBUN NO TAMENI TSUKAU TIME MANAGEMENT TAIZEN
by Takamasa Ikeda
Copyright © 2021 Takamasa Ikeda
Illustrations by Misako Tominaga
Original Japanese edition published by Daiwa Shobo Co., Ltd
All rights reserved
Chinese (in Simplified character only) translation copyright © 2022 by Beijing Jie Teng Culture Media Co., Ltd.
Chinese (in Simplified character only) translation rights arranged with Daiwa Shobo Co., Ltd through BARDON CHINESE CREATIVE AGENCY LIMITED, HONG KONG.

著作权合同登记号 图字：01-2022-3555 号

高效24小时：工作生活平衡的时间管理
GAOXIAO ERSHISI XIAOSHI：GONGZUO SHENGHUO PINGHENG DE SHIJIAN GUANLI

责任编辑：樊 颖
特约编辑：欧 俊
装帧设计：王建敏
责任印制：陈爱华
出版发行：西苑出版社 XIYUAN PUBLISHING HOUSE
地 址：北京市朝阳区和平街 11 区 37 号楼 邮政编码：100013
电 话：010-88636419
印 刷：涿州市京南印刷厂
开 本：880 mm × 1230 mm 1/32
字 数：140 千字
印 张：6.5
版 次：2022 年 8 月第 1 版
印 次：2022 年 8 月第 1 次印刷
书 号：ISBN 978-7-5151-0852-0
定 价：49.00 元

（图书如有缺漏页、错页、残破等质量问题，请与出版社联系）

只需掌握下列窍门，就能最大化地利用时间

- ❐ 每天确保 5 个小时的私人时间
- ❐ 把清晨的时间作为呵护心灵的港湾
- ❐ 不依赖闹钟，而是利用激素起床
- ❐ 制作“15 分钟任务表”，充分利用碎片时间
- ❐ 通过“心率”控制专注力
- ❐ 将工作变成游戏，让大脑更加愉悦
- ❐ 利用“刷新计划”和“输入计划”充实周末时光
- ❐ 通过“动手工作”来增加时间密度
- ❐ 关闭智能手机的通知
- ❐ 通过下午的散步让大脑运转起来

这里，只介绍立刻能发挥作用的小妙招！

所谓时间管理，就是“设计未来”

2020 年 3 月，世界卫生组织（WHO）宣布新型冠状病毒肺炎疫情进入全球性大流行状态，我们的“日常生活”也随之改变。

过去，“如何在短时间内完成大量的工作”是时间管理的基本内容。

但是，在被要求减少外出之后，随着居家的时间日益增加，很多人都提出了下面的问题：

“现在这种生活方式到底要持续到什么时候？”

一直以来，人们都在研究如何保持工作和生活之间的平衡，很多公司也在进行“工作方式改革”。但是，究竟有多少人的生活发生了变化呢？

工作方式发生变革之后，很多人仍旧过着忙碌的生活。换句话说，因为工作累得筋疲力尽，属于个人的时间、精力所剩无几。

但是，线上办公生活模式开启后，我们每一个人在独处的过程中，不得不直接面对自己。

于是，我们面临着以下最为重要的问题：

“自己的人生只为工作存在，这样真的好吗？”

“是在做自己真心想做的事情吗？”

从全世界的研究成果中精心挑选出最有效的办法

本书为那些重新审视自己人生的朋友撰写，希望能为他们贡献绵薄之力。

本书从心理学、生理学、神经科学、行为经济学等学术论文和研究中精心挑选出可以提升幸福感、有科学依据的前沿知识。

你可以尝试从任何一页、任何感兴趣的内容开始阅读。

本书科学地阐明获得幸福感、充实感的根源，解析大脑容易受到欺骗的机制，并将介绍一些时间管理的小窍门，让你尽快上手自己之前不擅长的事情。通过这些方式，帮你实现理想的时间管理。

改变利用时间的方法就是改变生活方式

如果你想要改变人生，首先必须改变利用时间的方法。

现代管理学之父彼得·德鲁克[①]曾说过“要知晓你的时间”。掌握利用时间的方法与“了解自我”密不可分。

如果你一天中的多半时间都在观看视频，或者周末闷在家里无所事事，想要在一年之后改头换面是绝无可能的。

只有明确自己到底在哪些方面花费了多少时间，才会醒悟，明白“像这样使用时间是绝对不行的”。

意识到这一点之后，我们才能真正地站在“开启全新人生的起跑线上”。

从前的时间管理和今后的时间管理有着根本的区别。

因为我们不再像从前那样重视“在短时间内完成大量的工作”，而是关注“如何尽量延长身心满足的时间”。

本书向各位读者保证三件事情。

（1）从任何地方开始阅读都可以。

（2）只聚焦行之有效的做法。

（3）只介绍读完能够立刻实施的技巧。

---

① 彼得·德鲁克（Peter F. Drucker），现代管理学之父。他在1954年《管理实践》一书中提出“目标管理”概念，从此管理学成为一门学科。

每一天都令人期待

待回复的未读邮件和堆在桌上的文件肉眼可见，处理之后会获得满满的成就感。所以很多人容易沉浸在回复邮件、消灭堆积如山的文书工作中，以此获得成就感。

但实际上，面对“肉眼看不见、只有自己才知道答案的幸福人生”时，必须要设计好时间。

本书的目的是使读者“度过每天都想从床上一跃而起的人生”。

每天是否过得幸福，翻开你的日程安排就能明白。

希望阅读本书的朋友能够由衷期待“明天”的到来。

Contents | 目 录

第3章　节省时间

第5章 利用注意力提高时间密度

第 1 章

将时间可视化

你知道自己每天拥有多少“私人时间”吗？本章将介绍增加私人时间的方法，用于完成个人真心想做的事情。

知晓浪费的时间

要改变生活方式，就必须知道自己在“哪些事情”上花费了“多少”时间。正如“前言”提到的现代管理学之父彼得·德鲁克说的“要知晓你的时间”，首先要将自己利用时间的方法可视化。

记录时间的好处

之所以会出现“明明忙得够呛，却没能完成最关键的任务”“简直没有一点个人的时间”等想法，是因为你不了解自己的时间消耗在了什么事情上。

为此，首先要记录个人利用时间的方法，然后对其进行分析。记录时间会让我们明白以下内容。

了解自己使用时间的习惯

南加州大学的心理学教授温迪·伍德（Wendy Wood）提

出“人类60%的行动都是无意识的”。这意味着一天之中半数以上的时间自己都不知道在做什么，所以不记录就无从了解。

相反，如果能意识到这一点，就有很大的余地去重新审视自己利用时间的方法，明确还能增加多少时间，改变哪一部分的时间使用方法，让自己度过充实的人生。

明确计划外的行动

掌握日程变化的时间规律之后，就能够形成预判。

能力强的人都是“擅长预判”的。如果只是应对临时被安排的工作，即使当时勉强应付过去了，下次遇到类似的情况，难免会再次陷入相同的模式。

午餐之后总是无所事事，或者去财务科的时候容易被安排别的工作……这些情况随处可见。想要更好地掌控自己的人生，就要学会做出预判。

掌握工作花费的时间

如果不记录时间，就难以发现实际花费的时间超乎想象。

我个人也有这样的经历。记录时间之后才发现，原本以为“应该只用了30分钟”的工作，结果花费了“1个小时”。实在令人大跌眼镜。

另外，如果发现“写一封邮件”居然用了40分钟，就会让人意识到“这种做法必须改进”，进而提出改进的方案。

有时，事后回顾发现“去洗手间”竟然用了30分钟，就不难理解中途可能还掺杂了其他事情。

感觉自己不擅长利用时间，是因为在不知道如何管理时间之前，根本不了解自己是如何使用时间的，也不知道时间浪费在哪里，能够改进的地方是什么。那我们首先从这一步开始。

掌握自己的24小时

首先，你要做的就是**记录一周以来自己的生活。**“工作”“饮食”“睡眠”“阅读”“看视频”“打游戏”等，简单记录即可，尝试将自己每天“在哪些方面”花费“多少”时间可视化。

人生就是每一天的积累。是否把时间用在了自己心甘情愿做的事情上？还是被自己不怎么喜欢的事情占用了大量时间？理解这些问题正是掌握时间的第一步。

必须要进行记录。也许会有人觉得麻烦，或者对懒惰的自己心生厌恶。即便如此，还是希望你能够尽量准确地记录。这是带来一切改变的开始。

方法 1：利用记事本

将自己执行的计划逐一记录下来，就能够如实掌握时间线。

难点在于，要想合理分配一天的 24 小时，必须要自己进行折算。例如，工作 8 个小时，就相当于一天的 1/3 时间都在工作。

方法 2：利用网络日历

还可以在网络日历中记录日程。

结束一天的事情之后，可以纵向浏览时间的使用情况。如果将事后认为是浪费时间的条目标注为不同的颜色，这样在下周同一时间就可以制订其他计划，完善这部分时间的使用方法。制作 Excel 日历就不失为一个好办法。

	星期一 11日	星期二 12日
上午7点		
上午8点	起床，去上班，上午7:30～9:00	起床，去上班，上午7:30～9:00
上午9点	开始工作，制作会议资料，上午9:00～10:30	确认邮件，上午9:00～
上午10点		制作会议资料 上午9:30～10:30
上午11点	和同事交谈，上午10:30～	开会，上午10:30～11:30
中午12点	预约电话，上午11:30～12:30	出门，上午11:30
下午1点	午餐，下午12:30～1:30	碰头会，中午12:00～1:00 午餐，下午1:00～2:00
下午2点	制作客户资料	公司内部会议，下午2:00～3:00
下午3点	下午1:30～3:30	
下午4点	会议，下午3:30～5:00	制作客户资料，下午3:00～4:30
下午5点	内部碰头会，下午5:00～6:00	处理账单，下午4:30～5:30
下午6点	回家，下午6:00～	处理订单，下午5:30～6:30
下午7点	玩手机，下午6:30～ 晚餐，下午7:00～	回家，下午6:30～
下午8点	玩手机，下午7:30～8:30	碰头会→聚餐，下午7:00～11:30

方法 3：使用应用软件

同样，还可以使用应用软件记录时间。怕麻烦的人，可能更适合使用这种方法。

不同的应用软件，会将每天的时间比例呈现为饼状图或者柱状图，分别在哪些事情上花费了多少时间，可谓是一目了然。

很多软件没有设置用户自由填写的栏目，我们必须按照软件设定好的栏目进行记录。虽然有些非常规项目无处可填，但是这并不影响我们了解时间的大致使用情况。

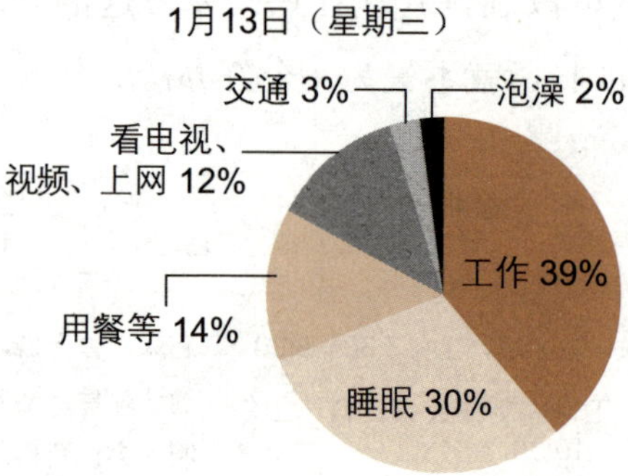

小技巧

推荐免费应用软件

Toggl Track 一款供安卓系统、iOS 系统使用的时间管理软件。启动后，点击项目，即可开始计时，再次点击项目则会停止计时，记录过程非常简单（可以修改项目名称）。还可以用不同颜色标注时间线，让自己清楚地知道时间的使用情况。

MyStats 该应用软件以5分钟为单位，对时间进行记录。如果有忘记记录的内容，很容易倒推回去完善补充。饼状图或者柱状图都可以进行记录。尤其是饼状图是以24小时为基础的，非常便于掌握一天所花费时间的比例。除此之外，曲线图可以进行控制体重、体育锻炼等目标管理。该应用软件只适用于iOS系统。

方法4：手写记录

通过手账管理日程安排的人也可以利用手写进行记录。

只要选择以天为单位的纵向排列手账，**随时都可以自由填写，任何非常规的项目都能被记录下来。**

虽然最后需要自己计算一下才能明白24小时的时间分配，但是事后给各个项目标注不同的颜色，就可以大致掌握时间的使用情况。

推荐以15～30分钟为单位进行记录

记事本可以按照自己喜欢的时间段进行记录，但是手账和网络日历基本是以固定的时间单位来划分的。最推荐的方式是以15～30分钟为单位进行记录。

我们都知道“人类这种生物，实在难以保持注意力”，一不留神就会陷入浏览网页或者观看视频的状态。只要如实地记录下来，这些问题都不难被发现。

只是单纯地记录下来，自然而然地开始关注时间的使用方

法。这本身也是一件好事。

当然，考虑到应用软件和手账的设计问题，用 1 个小时作为单位时间来记录也是完全可以的。努力坚持记录一周，应该就能掌握自己使用时间的状况了。

要 点

但是希望大家注意一点，“不要把记录本身作为目的”。如果发展成过度的记录主义者，有时候难免会忽略事实，而只重视数字本身。

明明早上睡醒之后神清气爽，却纠结于“哎呀，今天只睡了6个小时就醒了！这是睡眠不足啊”！不相信“身体的感觉”，只考虑“记录的数字”，这是典型的本末倒置。请大家明确这只不过是管理时间的一种方法而已。

但是，保持记录的习惯就会有意识地关注时间的使用方法。现在回头想想，我已经不会出现“哎呀，刚才花了两个小时干什么了？”这种疑惑了。

而且还会有意识地关注钟表哦。

给时间贴标签

如果你已经记录了一周，感觉怎么样呢？

可能有不少人感叹工作时间比想象中的长多了，或者发现没有时间做自己想做的事情。

现在，我们回头看看，把时间都贴上标签，尝试寻找改进的办法。

计算私人时间

这里应该关注的是，**要掌握一天之中可以自由支配的时间。**很多人从早上出门（或者开始工作）到结束当天的工作，包括午餐时间在内，根本没有一点属于个人的时间。

所以，我们首先要从24小时里减去跟工作相关的时间，再去计算包括睡眠、饮食在内能够自由支配的时间。

此外，即使是不同的星期，也一定会有特定的安排，还有不用加班的日子。事先了解这些计划，也有利于之后安排日程。

思考“还能增加几个小时”

2021 年 1 月，根据经济合作与发展组织（以下简称经合组织，OECD）关于工作与生活平衡的调查显示，全世界 40 个国家的平均私人时间是每天 15 个小时（包含睡眠和饮食），但是日本平均每天只有 14 个小时。相反，日本人的劳动时间很长，在 40 个国家中高居前 5；**个人生活和健康的可支配时间少得可怜，在 40 个国家中位列第 35 名。**因此，日本人对生活的满意度只有 5.9，低于 OECD 的平均水平 6.5/10。但是，只要改变时间的用法，就可以改变上述情况。

我认为的理想安排就是从 8 点到 14 点全力以赴地工作，**剩下的 18 个小时都作为私人时间。**

你是怎么考虑的呢？

很多人的工作时间是固定的。不妨计算一下，减去最低限度的工作时间，还剩几个小时呢？

假设公司规定最少工作 8 个小时，那就应该剩下 16 个小时的私人时间。在一些采用远程办公的公司，私人时间可能还会更多。

把时间分成3类

充实的人生不仅需要确保足够的私人时间，还要“善于利用”它。

我们把私人时间分为 3 类。

- 睡眠、饮食、穿衣等必需的时间。
- 兴趣、学习、在健身房锻炼等主动时间。

• 观看视频、社交、打游戏等被动时间。

我们用深浅不同的色块来区分。你分别在哪些方面花费了多少时间呢？

考虑到平衡关系，**睡眠、饮食等必需的时间基本为 9 ~ 11 个小时，兴趣爱好等主动时间为 3 ~ 5 个小时比较合适。**被动时间最好控制在 1 个小时以内。

	星期一 11日	星期二 12日	星期三 13日
19点	观看影视剧，晚餐 19:00～22:00	与客户用餐 19:00～23:00	加班～19:30 回家19:30～20:00
20点			浏览视频、晚餐 20:00～22:00
21点			
22点	泡澡22:00～22:30		泡澡22:00～22:30
23点	玩手机 22:30～23:30	回家23:00～23:30	家务等 22:30～23:30
24点	看电视 23:30～24:30	看电视 23:30～00:30	看电视 23:30～00:00
	睡觉00:30～	泡澡00:30～1:00 睡觉1:00～	网购00:00～1:00

必需时间　主动时间　被动时间

相反，**如果每天的被动时间超过两个小时，可能就需要改进了。**

当然，有目的地浏览社交平台上的内容，或者作为爱好观看视频也未尝不可。我也举双手赞成通过打游戏来放松。这种情况下，无论是看视频还是打游戏，都不算是“被动时间”，而应该归入“主动时间”。

但是，这些应用软件和游戏的设计都有玄机，它会吸引我们的大脑看个不停。

Netflix（Nasdaq NFLX，美国奈飞公司，简称网飞），是一家会员订阅制流媒体播放平台。Netflix 的调查结果显示，61% 的人一旦开始观看视频，通常会连续观看 2 ~ 6 集。

另外，据 NBC News 报道，连续观看视频时，大脑所处的状态和酗酒别无二致。

换句话说，本来是出于某种目的开始观看视频，结果却一发不可收拾，连原本不感兴趣的内容也会观看。从结果来看就是被动时间增多了，这就是问题所在。大家或许都有类似的经历，本来只想看一集电视剧或者动漫，最后却停不下来，好几个小时都沉浸其中。

这种利用大脑特性制作的算法，只凭意志力是无法战胜的。它是对方投入了数百亿美元的资金、由硅谷的天才们创造出来的系统。相应地，我们也必须创造一个系统来应对这种状况。

容易在视频和网络新闻上花费时间的人，一定要尝试下一节推荐的方法。

减少被动时间

让人猛然发现“都这个时间了！”的原因之一就是社交网站和视频网站。打开网页，你会发现大家都在尝试挑战最新的事物或者介绍新的服务，觉得自己也得跟上时代的潮流，于是不断翻页，逐一点击页面上的链接。

随机报酬的陷阱

心理学家迈克尔·舍默[①]指出：**大脑具有一种特性，和预期模式提供的报酬相比，没有预期的模式给予的报酬会带来更大的喜悦。**

他还做了一个实验。准备一个只要按下按钮就出现食饵的盒子，然后把鸽子放进去，在“按下按钮之后改变食饵出现的概率”。

① 迈克尔·舍默（Michael Shermer），美国人，著有《为什么人们会相信怪事》《为什么达尔文重要？》《我们何以信》和《善与恶的科学》等9部著作。

结果表明，当食饵出现的概率为 50% ～ 70% 的时候，也就是说，每 10 次中有 3 ～ 5 次按下按钮也不出现食饵的情况，这时鸽子会更积极地去按下按钮。

这就和赌博一样，**因为偶尔会猜中，所以激发了更强烈的兴趣。**

即使把所有的新闻链接都点击一遍，也未必全都是有趣或者有意义的内容。但是，偶尔出现一篇有意思的报道，就会令人为之惊喜，我们就因此对浏览网页欲罢不能。视频网站也是如此，让人一条接一条地看个不停。

但是相关研究显示，**即使都是娱乐时间，漫无目的地消耗被动时间和主动享受时间相比，幸福感更低。**

在一项以 8 ～ 12 岁儿童为对象的实验中，我们发现，即使是相同的娱乐时间，让身体活动起来主动参与游戏，比看电视、看视频这种被动消耗获得的幸福感要高。

在度过被动时间时，经常**会和某些行为联系起来。**例如，“一边喝着酒”或“一边吃着零食”，一边网上冲浪的情况并不少见。

消除触发器的3个步骤

如果想要减少此类时间，请按照下面的步骤中断恶性循环。

（1）将一周之内长达 14 个小时以上的被动时间标注出来。

（2）找到进入被动时间的“触发器”。

（3）改变环境，让“触发器”无法发挥作用。

将引发某种行为的契机叫作“触发器”，它包括两个种类。

一种叫作内部触发因素，是指“自己的身体成为触发器”。例如，“肚子咕咕叫”会引发“吃点心吧”这样的坏习惯。

另一种叫作外部触发因素，是指“身体之外的事物成为触发器”。例如，“微信有提示”会导致“拿起智能手机”这种不良习惯。

形成习惯的行为就是内部、外部触发因素的连锁反应。

例如，当我“感到疲惫”的时候，就会联想到啤酒，进而引发“打开冰箱”的行为。在这里，“感到疲惫”就是一个内部触发器，而“看见啤酒”这个外部触发器让我联想到“疲劳消失得无影无踪”。然后，打开易拉罐时发出“啪”的声音，这成为满足需求的信号，手不由自主就伸了出来。如此一来，因为“酒精”得到放松的大脑，就开始被动接收不停播放的视频了。

这种时候，应该改变的不是“不看视频”或者“不喝啤酒”，而是**应该在容易导致“感到疲惫”的内部触发器和“打开冰箱看见啤酒”的外部触发器发生连锁反应的地方采取截然不同的行动。**

替换触发器

我们可以通过改变环境来阻止一系列的事情发生。例如，把啤酒换成苏打水并放进冰箱。

另外，当疲劳的时候想喝啤酒，表明身体有一些欲求。

因为酒精能减缓大脑新皮层的活动，让掌管感情、食欲、性欲等本能部位的活动更加兴奋，喝酒之后精神会变得振奋，充满活力。

而且，红酒和威士忌的香气有让人放松的效果，啤酒花的香味和精油相似，具有镇静的功效。

但是，**即使需要这些功效，也应该通过体育锻炼、泡澡等其他方式获得。**

可以尝试听着轻快的音乐走一站地回家。随着心跳加快，自然会情绪高昂，精神抖擞。

也许有人认为疲劳的时候根本做不到这些。其实有研究表明，运动反而会让人变得精神。

特别提示

斯坦福大学的凯利·麦格尼格尔[①]指出，听音乐的时候，大脑的运动细胞会更加活跃。大脑认为音乐是“活动身体的信号”。

---

① 凯利·麦格尼格尔（Kelly McGoniga），斯坦福大学心理学家，医学健康促进项目的健康教育家。

实际上，我们都知道音乐会刺激大脑，使其分泌大量的肾上腺素、多巴胺和内啡肽，从而减轻疼痛，恢复活力。疲惫不堪的士兵听着乐队的演奏充满朝气地行进，农民们喊着劳动号子干着农活，都是因为他们富有经验，知道音乐会带来这种效果。

你也可以选择自己喜欢的、节奏好的音乐作为“活力音乐”，存储在手机里。当你感到疲惫时，就可以从它那里获得力量。

选择具有放松效果的芳香沐浴产品，好好地泡个澡，也会取得同样的效果。香气会直接作用于大脑，调节自律神经和激素的活动。像这样，通过改变行动来替换触发器，应该就能减少被动时间了。

想象如何度过理想的一天及一周

此外，主动去发现想做的事情也能减少被动时间。

我定期做的一件事情就是一边想象“我想要这样度过一周”，一边将其逐一记录下来。

于是：

- 想读更多的书。
- 想更多地陪伴家人。
- 想更多地接触工作之外的世界。

像这样，就会主动发现对自己很重要的事情。

将大脑中的情景清晰化，就可以开始设计自己的理想生活了。

自己决定如何利用时间

即使收获了财富和名声，我们的幸福感也不会提升。

虽然我们总是忍不住把目标放在金钱和名望上，但是大家都知道，实际上有很多富豪拥有万贯家财，却沉溺于酒精和毒品无法自拔。还有一些公众人士人际关系破裂，厌恶自己，充满焦虑。

设定提升动力的目标

积极心理学的权威马丁·塞利格曼[①]博士指出，我们需要一种叫作“内在动机”的自身动机。与之相对，“外在动机”是指他人的评价、奖励、惩罚等外部因素激发的动机。

正因为有内在动机，所以我们会在任务中感到快乐、好奇，

① 马丁·塞利格曼（Martin Seligman），美国心理学家，著名的学者和临床咨询与治疗专家，积极心理学的创始人之一，主要从事习得性无助、抑郁、乐观主义、悲观主义等方面的研究。

提高创造力和理解力，即使遇到困难，也不轻易放弃。

内在动机必须是按照自己的意愿来选择目标。也就是说，如果是公司或者上司设定的目标，就算实现了也无法感到真正的幸福。

特别提示

海蒂·格兰特·霍尔沃森[①]对动力颇有研究，其研究成果显示，感知“能够自己选择”会极大地改变人的动力。

研究表明，在300个上体育课的学生当中，认为课堂上教师提供了较多选项的学生比持相反意见的学生更能感受到运动的“快乐”，在校外也有进行运动的意愿。“能够自己选择”让人们对运动有了积极的态度。

自己设定目标

也就是说，我们必须要自行设定“自己真正想实现的目标”。

在工作中，很多人的目标都是公司或者客户制订的。那么我们来设定一个“自己真正想实现的目标”吧。正因为是自己决定的，所以动力十足。

这一点无论是工作，还是健康管理、兴趣爱好，都是相同的。**正是因为自己想要达成这个目标，所以即使遇到困难，也能坚持下去。**

① 海蒂·格兰特·霍尔沃森（Heidi Grant Halvorson），美国著名社会心理学家，哥伦比亚商学院动机科学中心副主任。

从身边的目标开始

我们知道，相信“自己只要去做就能实现”，就会提升动力。

相反，认为“自己一事无成，什么都干不好”的人，容易轻易放弃。

为了让自己充满自信，认为“只要动手去做就能实现”，那应该做什么才好呢？

想要获得这样的自信，不要一开始就设定宏大的目标，而是选取“只要努力，就能实现”的具体目标，积累成功经验非常重要。

从一个个小目标中不断收获成功，真切感受到自己在逐步成长，从而充满自信，最终提升动力。

注意报酬

我们可以通过自行设定、实现目标去保持动力，但是如果受到过度的“管制”，就会导致动力下降。

实 验

罗切斯特大学的心理学家爱德华·德西[①]教授曾将大学生分为两组，进行了猜字谜的实验。他和其中一组约定，每解开一个谜底，就支付相应的报酬。与另一组则没有任何约定。

① 爱德华·德西（Edward Deci），罗切斯特大学心理学荣誉教授。他与理查德·瑞安（Richard Ryan）共同创建了当代最有影响力的动机理论之一——自我决定理论（Self-Determination Theory）。

开始时，两组同学都在兴致勃勃地猜谜。然而，当得知条件之后，约定会得到报酬的小组，在没有报酬的前提下，完全不愿意去解开谜底。

一旦得到有报酬的承诺，大脑就认为猜谜是“为了获得报酬的劳动”，愉悦的心情和想要猜谜的动力就会减弱。

如果在工作中取得优异的成绩，就会得到公司的褒奖，得到报酬。但是，有的时候，这种情况反而会给我们的动力造成负面的影响。

我们必须时刻牢记要追寻自己设定的目标，即使不被公司认可，也要坚信那不足以影响自己实现目标。

第 2 章

设计时间

思考如何利用一天24小时，就是思考如何度过人生。
本章将介绍充实地度过每一天、打造充实人生的办法。

划分“时间区块”

大家都想在兴趣爱好上花费时间，或者重视和相爱的人共处的时光。

但是，我还想享受工作的时间。

一天的 24 小时中有将近 1/3 的时间都献给了工作。如果把这么长的时间视作“痛苦煎熬的时间”，未免太令人惋惜了。

当然，并非所有的人都从事着自己喜欢的工作。我正好在学生时代创业，借此机会一直从事自己喜欢的工作。即便如此，工作的时间也未必全是快乐的。

相反，即使选择了自己并不向往的工作，但是在长期工作的过程中，应该也会逐渐感受到工作的乐趣。既然无论如何也得投入这些时间，即使觉得工作乏味无趣，那不妨思考一下以下问题。

有意识地掌握技能

任何工作都一样，经历几年之后会比刚入行的时候感觉更有意思。**之所以在长期坚持之后能乐在其中，是因为通过一定时间的投入，掌握了相关技能。**

掌握技能并不是匠人和艺术家的专利。营销人员要学会营销、总务部门要学习总务、人事机构掌握人事关系、制作部门也有制作部门的技能，要掌握这些技能都需要一定的时间。

刚入职的时候完全听从上司的安排，每天疲于完成工作量。

但是，积累一定的经验之后，就会有所思考，并会感觉到自己的进步。这正是工作的乐趣。

无论是演奏乐器还是从事体育，想要真正地乐在其中，必须要具备相当程度的技能。工作也不例外。即使自己认为“整个工作流程都学了一遍，可以独当一面了”，**事实上，我们心知肚明，工作中还隐藏着很多技能。**

撰写报告、发言的方式、若无其事地给客户打电话、交涉时的闲谈等，所有事情都充满了难以用语言形容的智慧。

这些工作，仅仅通过把握重点或说明要领是无法再现的。要想掌握技能，就要像匠人或者运动员一样，**认真观察并思考，然后按照自己的理解反复试错才行。**

为此，必须投入一定的时间。

越细分越忙碌

但是，现在的工作场合，每分钟都必须回应别人的要求。顾客的询问和突然收到的咨询邮件都必须立刻回复，还要接电话，有时自己也难免有问题要请教同事。这样一来，能够静下心来专注于工作的时间连 5 分钟都不到。

每天像这样被时间追赶着，我们就不得不牺牲一些“集中处理某些工作的时间”。

于是，不能好好地思考，也没有余力观察前辈们的工作，每天都被“繁忙”的感觉支配着。

引 用

如果把青蛙放进盛着沸水的锅中，它会立刻从热锅里跳出来。如果把青蛙放进盛着凉水的锅中，再加热，会怎么样呢？青蛙会逐渐适应水温，不会逃走。青蛙最终会被煮熟。我们也和锅里的青蛙一样，在工作中，不知不觉地被迫习惯了“重复积累的既成事实”。

——琳达·格拉顿[1]

我们暂且抛弃这种“细分工作是理所应当的既成事实”吧。只要被别人指挥得团团转，就不可能拥有自己的时间主导权。

最重要的是要下定决心，自己来决定时间怎么分配。

---

① 出自琳达·格拉顿所著《轮班》，日文版由池村千秋翻译，President出版社出版。

让时间和注意力都“为我所用”

虽然能够理解一旦掌握某项技能就会迎来更大的工作挑战，但是如果每天过于繁杂，就没有精力去仔细考虑未来。

不妨先整理一下思路，思考在工作时间应该关注什么。**然后在从事某项工作的时候，有意识地安排相对完整的时间。**

决定面对工作的方式

明确工作在自己心中的定位是非常重要的。

我个人觉得工作和生活是紧密结合的，所以决定把大量精力投入其中。

但是，还有各种各样的情况存在。有的人更重视家庭，有的人想要把兴趣爱好做到极致，还有的人坚持成为小说家的梦想，等等。

无论哪种工作，都不能保证只要投入无限精力就能收获幸福。如果遇到无论如何都喜欢不起来的工作，不如在一定程度上划清界限，做好跳槽或者从事副业的准备。

制订工作业绩以外的目标

你是否思考过想通过现在的工作实现什么目标吗？

为此，必须要学习什么，现在又为它预留了多少时间呢？

要掌握技能是需要花费时间的。但是，会越学越快乐。

要提高技能水平，很重要的一点就是仔细观察擅长此项技能的人。这不是说每隔几分钟瞅上几眼，而是通过整个项目来观察对方是如何行动的。只有仔细观察对方在何种状况下采取什么行动，才会有所发现。如果有疑问，可以及时提问。

为此，要有意识地预留用于观察的时间。

不要忘记“玩”心

当我们忙于工作时，首先被抛弃的就是“游戏”之类的放松环节。每一分钟都在忙着应对要处理的工作，越来越急于得到结果，于是开始厌恶前途未卜的项目，不敢去尝试新的提案。因为实在承担不起失败的后果。

但是，工作也不是绝对不能出现失败的。任何人都有失败的经历。

如果为了寻求结果而只选择最安全的做法，就不会有新的发现和挑战。

当繁忙成为常态，这种“玩”心和创造力就会成为牺牲品。我们一定要意识到这一点。

今后，如果想要愉快地度过私人时间和工作时间，就需要将一天的时间划分成几个时间段。无论是做什么，精确到分钟的时间表都不会给我们带来幸福感。

每天安排5个小时的私人时间

现在我们对日程进行具体的安排。

安排日程的时候，最重要的是**在工作之前优先确保“私人时间”**。

如果认为“要是有多余的时间，就留给自己”，那几乎是不可能的。假如工作没有完成，就会自动占用这部分时间，或者漫无目的地看电视、刷视频，这种被动时间很快就过去了。

不管工作期间多么充实，**本书提倡的时间管理是确保私人时间，提升幸福感，**所以请切实保障每天的私人时间。

将每天的计划分为5类。

除了吃饭，我将每天的时间分为5个时间段，以确保5个小时的私人时间。

- 起床～8点
- 8点～13点
- 14点～17点
- 17点～20点

• 21 点～ 22 点半

起床～ 8 点

这段时间是早晨固定项目的时间。我在早晨的固定项目共5 项——运动、冥想、看报纸、学习、“完成 90 分钟重要任务”。因为这是一天的开始，所以我特意在这个时间段安排了能够增强精力的活动。

8 点～ 13 点

这段时间是超级重要的输出时间。我主要用来完成写作、研究、事业计划、决策等工作。这些工作需要集中注意力，所以我不会在这个时间段安排琐碎的工作。

14 点～ 17 点

午饭之后稍微有些放松时间，所以会在这个时段安排一些必须完成的操作性任务或者整理文件。与动脑思考相比，更多的是一些“只要做就能完成的任务”。一旦任务完成，就立刻变成自由活动的时间。

17 点～ 20 点

过了 17 点之后，我基本就不工作了。关闭所有跟工作相关的应用软件推送，开启私人时间。有的时候见见朋友，或者看场电影，舒舒服服泡个澡、看看书，还会学习英语，输入新知识。当然也可以选择陪伴家人，看看自己喜欢的电视节目。

无论多么忙碌，如果不能保证私人时间，那就意味着一定是出了什么问题。如果没有能让人感到快乐的时间，就无法感受生存的意义，所以首先要保证私人时间。**一天至少安排5个小时比较合适。**

21点～22点半

这段时间用于完成晚间的固定项目。

除了固定安排，有的时候会在睡觉之前做一些拉伸运动，舒展身体。

之所以将时间划分为5个时间段，**是要让大脑明确"现在应该做什么"。**

有人也许希望将每天的固定内容安排得更加细致。但先做出大致的框架，再灵活安排具体的内容，会更加容易操作。

将时间划分成几个时间段都可以。例如，分成"开始工作之前的早晨""上午""下午""入睡前"4类也完全没问题。

重要的是，要切实确保私人时间，养成工作不拖延的好习惯。

回想过去想做的事情

既然确保了私人时间，接下来就可以寻找那些能提升幸福感的活动了。

话虽如此，恐怕还是会有不少人感到茫然，陷入“呃，我到底想做什么呢？”的状态。

很少有人明白自己“想做什么”

我们每天都在接收来自外部的刺激，不断变化发展。世间万物也是在不断变化的。

一直追求儿时的梦想，终于获得了成功！也许你听过这样的故事。但是大多数情况下，这都是成功者的故事。

就连大名鼎鼎的史蒂夫·乔布斯在大学时代也不知道该做什么，于是从大学退学。他后来潜心学习字体设计，为苹果计算机设计出了漂亮的字体。**所以，能点燃热情的事情最为重要，要相信点和点最终会连成线。**

“艺术家之约”，发现想做的事情

茱莉亚·卡梅伦[①]阅读了超过上百万部的著作，她在自己撰写的自我启迪名著《去做你一直想做的事情》中推荐了“艺术家之约”，来帮助我们找到自己想做的事情。

引 用

> “艺术家之约”是指每周特地安排两个小时，用来培养自己的创造力。……逛逛大型杂货店，一个人去海边，一个人去看老电影，去水族馆或者逛画廊等。每一项都需要花费不少时间，但是不怎么花钱。重要的就是投入时间。
>
> ——茱莉亚·卡梅伦[②]

换句话说，不是那种“穷尽一生也要实现”的宏大目标，而是**重新去发现身边的小惊喜。这一点很关键。**

如果你想到“啊，好想再品尝一次小时候吃过的中式盖饭啊”，那就试着查阅菜谱并照着做。

认为“那个餐厅，感觉真不错啊”，就一个人进去看看。

像这样，把“想要试一试”的心情付诸实施。

顺便说一句，我把以前的颜料翻出来，随意地在纸上画画。虽然只画了20多分钟，但是心情格外畅快。

① 茱莉亚·卡梅伦（Julia Cameron），美国小说家、剧作家、作曲家、诗人，积极投身艺术创作近40年，被誉为美国“创作教母”，经典著作《唤醒创作力》。

② 出自茱莉亚·卡梅伦所著《去做你一直想做的事情》，日文版由菅靖彦翻译，Sunmark出版社出版。

在画画的时候把“要画得好看”，或者“要拿给别人看”等想法统统抛在脑后，只是单纯地感受“想要画画”的心情，这是非常重要的。

亚里士多德曾经说过：“美好生活需要的行为，除了来自行为本身的满足，不会带来任何好处。”

没有明确的目的也没关系，如果不曾有过“想去试试”的念头，人生的道路会越走越窄的。

“动手工作”加强时间密度

我想推荐大家在闲暇时间里“动手工作”。

伦道夫梅肯学院心理学系主任凯利·兰伯特[①]在其著作《通过动手工作治疗抑郁症》中提出：“人通过身体力行的努力，当目标实现时，会感到巨大的喜悦。然而，当人们从农活和手工活中解放出来，过上只需要按一下开关就能达到目标的生活时，得抑郁症的人也随之增加了。”

应该没有人反驳这个观点吧。

“动手工作”当然包括干农活、做木工、刷油漆、编织等，还包含自己烘焙咖啡豆、烤面包、做饭等。

有时候，我会把做饭的时间当作“艺术家之约”。活动双手全神贯注地做一件事，和坐在电脑前或伏案工作相比，大脑的运转方式完全不一样，更易让人觉得心情畅快。

---

① 凯利·兰伯特（Kelly Lambert），知名行为神经科学教授，曾担任国际行为神经科学学会主席。

看到亲手完成的实物，可以欣赏、品尝、使用，无疑又多了一个带来充实感的理由。

不错过一丝“想做的心情”

茱莉亚·卡梅伦提出的“艺术家之约”，建议大家每周花两个小时去感受。但是我个人比较推荐每天用30分钟来进行手工作业。希望大家遵守的是，一定要独自进行。不用顾虑别人，只是单纯地感受“自己的愉悦心情”，并度过这段时光。

每天一次“艺术家之约”

我之所以把做饭当作和自己保持联系的时间，也是因为从中收获了喜悦。

以前做饭无非是出于一种义务，觉得“要吃就得自己做”或“在外面用餐无益于健康”。然而，“什么都不考虑，做一些自己想吃的东西吧”，当我这么想时，做出了美味的牛肉盖饭，之后又想着“那么下次就挑战一下意大利面吧”，结果依然大获成功。不断反复的过程中，做饭的时间变得无比快乐。

饮食还需要考虑营养均衡，所以也不能每天只吃自己喜欢的食物。但是不妨把这种时间当作“艺术家之约”。

当然，也有人把打扫、整理的时间作为“艺术家之约”，直接面对自己，感受到愉悦的心情。

重要的是，不给自己提出“人生的目的是什么？”这种宏大的命题，只是单纯地去享受这个过程。

一周至少保证两个小时的独处时间

还有一点很重要。每周确保有完整的两个小时的独处时间，这也有助于提升幸福感。去逛街购物、参观美术馆、泡温泉，还可以阅读自己心心念念的书籍或者看场电影。

要点就是独自完成。此外，不要把照片和感想发布到社交平台上。不是去寻求别人的好评，而是要重视个人的满足感。

小贴士

当你每天都自然而然地拥有私人时间之后，就会有“啊，试试那件事吧”和“我好想看这本书啊”之类的想法。不断有新的发现，你会真切地感受到每一天不再“被时间追赶着”，而是忙着“追逐自己想要尝试的事情”。

用“行动目标”打造充实的一天

接下来开始按周设计具体的日程安排。

安排日程的时候，很重要的一点是“制订一周的目标”。制订切实可行的目标来提高成就感和充实感。

在周末制订下周的目标

事务性工作：在下周的同一个日期之前提交。

瘦身计划：下周去 3 次健身房。

营销工作：下周约到 5 次客户。

英语学习：在下周记住 4 个词组。

诸如此类，每个领域都按周制订目标。制订目标的要点有 3 个。

添加前置词“下周”

如果是“每周去 3 次健身房”，会让人感觉不够坚定。一定要写成**“下周做~”**，制订好每周的具体目标。

制订“行动目标”

目标内容不是“签订3份合同”这种“结果目标”，而是类似“拿下5次预约”的“行动目标”。

基本上，**我们无法掌控结果。即使把结果当作目标，努力也未必能得到回报。**为此，如果不把“打算怎么做”这种“行动”作为目标，强制力就不会发挥作用。**如果是行动目标，只要去做就一定能实现。**一旦实现，必定会激发下一周的热情。即使无法实现，也有助于重新审视自己利用时间的方法。

每天回看目标设定

制订好了一周的目标，就把它写在手账、日历等随时能看到的地方。

既能避免遗忘，也能在达成目标的时候不断提升充实感。

上文也提到过，我们在不断重复成功经验的过程中变得干劲十足。同样地，如果真正做到了“这周真的去了3次健身房！”和“行动目标实现了！”那么，下周就会有更强烈的意愿，坚持努力地完成目标，在其他项目上也会提升动力。为此，最好在周末制订好下周的计划。

注意“反正效果”

但是，千万不要因为取得了成功，就突然增加难度。“既然一周能坚持 3 次，那下周每天都来吧”。这会导致负担越来越重，在无法完成的时候，甚至连带其他项目受到消极影响。

在心理学上，这种现象被称作**“反正效果”——如果一项失败，就容易对所有项目弃之不顾。**

常见的例子就是戒酒。假设你本来一直对酒敬而远之，某一天因为朋友的劝说，喝了一杯酒。

虽然只喝了一杯酒，但是“以前的努力全都白费了！”这种感觉会让人瞬间失去自制力。

减肥也是一样的。一旦认为“可能稍微吃得有点多……”，人们就容易出现大量摄入高热量食物的不正常行为。

如果遭遇了这种“反正效果”，仅仅依靠意志力是无法摆脱的。

正因为如此，**行动目标一定要难易适中，而且以一周为单位。**让人感觉到即使今天没能完成，但是还有挽回的机会。制订这种有时间跨度的目标是很重要的。

把清晨的时间当作呵护心灵的港湾

在细化一天的计划时，将需要深度思考的工作和体力劳动等工作分别安排，就能巧妙地利用时间和精力。

上午安排重要的工作

上午一定要安排当天计划中最重要的内容，也就是深度工作。因为人的意志力是有极限的。

著名心理学家罗伊·鲍迈斯特①对意志力进行了相关描述。他指出，人的意志力在一天开始时达到峰值，随着“时间的消逝”或“每做一次选择”，就会逐渐减少。

在处理完复杂问题之后，在忍住不吃甜食之后，为如何搭配服装绞尽脑汁之后……我们很自然地使用完了意志力。如此一来，就容易抵挡不住新的诱惑，注意力不集中，表现得不那么优秀。

---

① 罗伊·鲍迈斯特（Roy Baumeister），美国佛罗里达州立大学社会心理学研究生项目主任，擅长以社会科学仿真模拟技术来研究广泛的心理学问题。

引用

鲍迈斯特的小组屡次发现，刻意掌控意志和进行自我控制很辛苦。如果你必须强迫自己去做某件事，而此时这件事又面临一个新的挑战，你就会很不情愿或是根本无法进行自我控制。这种现象被命名为自我损耗（ego depletion）。

——丹尼尔·卡尼曼[①]

脑科学家茂木健一郎在其著作《大脑保持高度活跃的人们如何度过早间时光》中写道，人的大脑有黄金时间，“‘起床之后的3个小时’是大脑最为活跃、工作效率最高的时段”。

因为一天之中积累的“短时记忆”会通过睡眠转化成“长时记忆”，早晨的记忆是以空白状态开始的。

而且，在摄入食物之后，饱腹中枢受到刺激，大脑的表现会显著降低。建议将需要注意力和集中力的工作安排在早餐之前。

也就是说，早晨最应该做的事情不是查收邮件和回信，而是**做好设计，确保最需要消耗精力的工作能在上午完成**。

另一方面，**到了傍晚，注意力不够集中，意志力也变得薄弱**。所以，把不需要深度思考的文书工作和事务性工作统一安排在这个时段，一整天的工作都会进展顺利。

① 出自丹尼尔·卡尼曼（Daniel Kahneman）所著《思考，快与慢》（*thinking, fast and slow*），胡晓姣、李爱民、何梦莹译，中信出版社，2012年7月出版。日文版由村井章子翻译，早川书房出版。

开始工作之前优先保证“自己的时间”

话虽如此，但上午很容易安排会议，处理前一天的遗留工作或者被上司安排其他工作。

如果是自由职业者，也许还能在一定程度上掌控局面。如果是公司职员，恐怕就没那么容易了。这种时候就**有必要在开始工作之前预留“自己的时间”**。

例如，如果公司 9 点开始上班，那就把 7 点半到 9 点的 90 分钟作为专属自己的时段，营造可以专注于重要工作的环境。

前一天没有做完的工作，与其加班加点去完成，不如放到第二天早上更有效率。**因为相比能源枯竭的大脑，早晨刚起床时大脑的处理能力更加出众。**

从结果来看，可能需要加班 3 个小时才能做完的工作，早晨只用 1 个小时就够了。

通过“简单的工作”获得动力

如果没有积压的工作，在睡眠充足和精力充沛的情况下，起床之后就专心处理当天最重要的工作吧。

但是，如果清晨不能发挥出最佳状态，建议**先做“很快能完成”的工作，不仅有成就感，还能鼓舞士气。**

成就感会鼓励你去追求更大的成就感，所以它是挑战下一份重要工作的动力。

分泌多巴胺

一旦完成任务，大脑就会感到快乐。你有这种感觉吗？亲眼看见积分卡上盖下一枚枚印章的时候，心情会无比畅快；在To–Do 清单上标记确认完成之后，变得更有干劲了。

这是因为大脑会分泌多巴胺。也就是说，大脑想要得到完成之后的“快感”，这使我们在面对新任务时会更有动力。

再加上多巴胺有提高注意力、记忆力和动力的作用，在处理重要的工作时，能让大脑保持最佳状态。

引 用

To–Do 清单是我们利用多巴胺推动自己行动的机制，这一过程叫作“完成偏差”，包括实现某个目标→充满动力→想要挑战更难的事物……对于大脑来说，这是一个自然的过程。所以与其在大脑中记住“必须要做的事情”，不如“写在 To–Do 清单上，完成一项就做好标记”，这种方法更有助于提高行动力。

区分会议日和无须外出的日子

另外，在安排工作的时候，尽量将会议安排得集中一些，区分“集中开会的日子”和“不跟任何人见面的日子”。

出一趟门也是相当耗费时间的，所以尽量把安排集中到一起会比较高效。

即使是因远程办公减少外出的人士，也最好把网络会议安排得集中一些。现在已经出现了“网络会议疲劳”的说法，人的精神压力会在意想不到的地方积攒起来。哪怕是编造一个虚假的安排，锁定公共日历，也要保护好自己。

同时，如果可能的话，**建议将“不用跟任何人见面的日子（包括线上）”持续两天以上，效果会更好。**这样可以确保有相对完整的时间，便于整理思绪、进行深度思考。

本周末的计划在“周三之前”决定

难得迎来一个休息日，如果一直穿着睡衣四处闲逛，说是“休息好了！”“满血复活了！”，你会不会后悔“白白浪费了……”呢？

这样过周末，大脑并不能得到很好的休息，也不能为即将到来的一周补充能量。

想要有效地度过周末，需要事先制订“周末专用日程表”。

失败的周末

度过休息日的方式中最不可取的包括以下内容。

- 一直睡到中午。
- 足不出户（一开始决定好不出门的情况除外）。
- 智能手机、电脑不离手。
- 家里乱成一团也不打扫。
- 为了忘记不愉快的事情，白天开始喝酒。

- 一直和满腹牢骚与妄想的人待在一起。
- 不吃有营养的食物，只吃零食。

这些行为不仅会让人焦躁、情绪不稳定、精神状态不协调，还会让人缺乏充实感。这也许是一个令人意外的发现——**做轻松的事情并不能让人感到幸福。**

人们总是认为懒散地度过休息日很简单，而且还能得到放松。其实很多人在睡觉之前会陷入深深的自责，“啊，今天又浪费了一天……”，这也会影响下一周的积极性。

引入“刷新计划”和“输入计划”

很多自称室内派的人会认为“即使那样，休息日还是不会外出，想待在家里”。

但是，**人是通过“行动”获得充实感的。**仅仅思考“对自己来说，幸福是什么呢？”是不会找到答案的，必须通过实际行动去体验，发现“适合自己的幸福法则”。

因此，我建议那些还不明白怎样度过周末的人，**每周末安排一项“刷新计划”或者“输入计划”。**

通过“刷新计划”进行维护

就算在出门之前抱怨“好不容易有个周末，为什么非要安排活动呢”，**一旦出门之后，也会由衷感慨“呀，出来真好啊”。这就是“刷新计划”。**

旅行自不必说，诸如推拿按摩、美容美发、健身游泳、去看牙医维护牙齿、温泉一日游等**稍微让人有点兴奋的外出活动，不妨事先做好预约，创造出不得不外出的条件。**

如果要视当时的心情而定，最终就会无所事事，哪里也不去，过完一个毫无成就感的周末。只要你出去，就一定会觉得“幸好出去了！”，所以先做好预约吧。

通过“输入计划”提升动力

除了“刷新计划”，还建议你**事先安排“输入计划”，它关系到个人的成长。**

逛书店、听演讲、参加学习会、上英语课等，能让人真切地感受到学到了新东西并获得了进步，这些都会给下一周带来动力。

重点是**选择不仅轻松，还需要消耗一点精力的事情。**

正因为如此，才需要在感到疲惫之前，即在周三之前安排好计划。

通过回顾发现最佳的周末

外出的时候，请一定在回家之后回顾一下“我现在是什么心情呢”。

如果心情愉悦、得到了放松，那么下周可以安排相同的活动。如果觉得不适合自己，今后可以避免类似安排。

每个人的感受都不尽相同，所以一定要重视“自己的感想”。**完成计划之后不要立刻拿出智能手机去上网。**要重视“此时此刻自己的感受”。这些坦率、真挚的想法最难能可贵。

像这样过周末，你就会逐渐发现适合自己的方式。要度过充实的人生，能消除平日疲劳的休息日是必不可少的。三连休之类的小长假，你应该也会有不一样的度过方式。

小贴士

事先整理好“想要做的事情清单”，“呀，下周说不定有时间去试试”，一旦日程表出现空闲，或者制订周末计划的时候就能派上用场。

例如，“美术馆正在办活动，好想去参加啊”“新开了一家咖啡店，想去看看”“想去逛家具店，想象一下理想的房间是什么样的”等，把想做的事情记录下来，度过周末的方式自然也就变多了。换句话说，这都是“艺术家之约”的清单啊。

我还会整理“想做的菜”的菜谱链接和想一口气看完的电影清单。不仅休息日变得令人期待，实现目标之后的满足感也令人跃跃欲试。而且，整理清单的时光也是无比开心的。

在周末早晨回顾一周

关于每周的日程安排，在找到最适合自己的安排之前，在周末的早晨设置一段回顾的时间吧。

回顾每周

通过4个步骤来回顾一周的安排，我将其称为“回顾每周”，具体做法如下。

（1）本周做了什么？

（2）没做什么？

（3）一直想做又没能做的是什么？

（4）制订下周的行动目标。

像这样回顾一周，就会发现“自己现在所处的位置”。

回顾内容包括确保了几个小时的“私人时间”、周末的充实程度如何等。

保证客观看待自己的时间

一旦开始前进，中间想要踩刹车并不容易。**大脑会认为即使方向错误，但是继续前进是相对容易的，**所以一旦开始，想要停下来就很困难。你有过这样的经历吗？只要迈出第一步，就算路线含混不清也懒得去问别人。这就是大脑的特性。

知道自己饮食过量的时候、明白自己在逃避体育锻炼的时候、不想站上体重秤的时候，像这些都是逃离消极事物的心态。

在这种情况下，回顾一周就很有效果。有的时候需要改变努力的方向，或者改变行动的不足。

这些结果不是以一天为单位，只有以一周为单位才能看清楚。

理解自己的模式

回顾一周就会理解自己的模式。虽然“能否做到”只是当时的结果，但是有助于我们理解**“自己容易按照这个模式来行动”**。

例如，“前半周很努力，但是后半周早上起得越来越晚”“前半周能实现行动目标，后半周动力不足，非常懒散”，就可以做出类似的分析。

这种时候，在周三早晨安排一次短时回顾，临时决定周三不加班、增加睡眠时间，就能提升后半周的能量水平。

从结果来看，即使完成度是一样的，但是因为调整了内容、改变了模式，让每一天都变得更加充实了。

如果不顺利，就重置这一周

另外，如果本周整体上不太顺利，我一般会做出如下调整。

去健身房或者跑步

运动可以减少压力激素，同时增加动力激素。在健身房锻炼完胸大肌之后，有没有觉得自己力大无比、天下无敌呢（我会有这种感觉）？对我个人来说，锻炼肌肉的目的是获得这种感觉，肉眼可见的肌肉不过是附赠的礼物。

有的人觉得单纯的跑步可以出汗，还可以放空大脑，这也是不错的选择。心跳加快、挥汗如雨就有重置的效果，不妨去寻找适合自己的做法。

利用推拿按摩调节自律神经

忙碌的日子里持续紧张的状态，会让掌管活动的交感神经渐渐失去自我“放松”的功能。这样会导致睡眠质量下降，难以消除疲劳，所以需要花费 1 个小时进行推拿按摩来调节，做到能与负责放松的副交感神经进行切换。

自律神经作用于全身，所以当你觉得身体状态不佳或者不知为何总是打不起精神的时候，推荐你使用上面的方法。

60 分钟的影像学习

当你发现自己思考问题时总是倾向不好的方向，仅仅依靠个人是很难修正的。这时，可以通过观看 TED 演讲之类的谈话节目进行重置。**60 分钟左右全神贯注地观看视频，你的思维就会全程跟随 TED 演讲者，而不是自己思考，这样就可以改善自己的思考习惯。**

尽量选择积极向上的主题更有助于提升动力。

还可以收看那些你已经习以为常的演讲，作为反思自己的突破口。我在感觉目标遥不可及的时候，就会回看史蒂夫·乔布斯在斯坦福大学毕业典礼上的演讲。虽然看过很多次，但是每次观看都有感悟，能够帮我进行重置。

此外，我还会观看电影《马戏之王》的插曲——*This is me* 的音乐短片。每次都会潸然泪下，同时又干劲满满。

无论如何，重点不是**“使用意志力去改变思考方式”，而是借用外力改变思考方式。**

为未来制订计划

虽说每一天的日程安排积累起来是在打造未来的自己，但是终点到底是哪里，只有全部完成了才知道。所以，有的时候必须要立足未来回顾现在，进行倒推。

两种倒推计划

我会把日常安排和从未来倒推的日程加以区分。

日常安排

大家肯定经常根据截止日期制订计划。也就是说，“周五之前要提交资料，所以周三之前要征求上司的同意”“因此，周二要完成资料的制作”“周一要做好信息收集”，像这样的倒推属于日常安排。

着眼于未来的计划

另一方面，“想要成为什么样的人”“想在 3 年后变成什么样”这种想要接近未来目标的思考就属于着眼于未来的计划。

之所以将它们区分开，是因为我发现如果每天只关心日常的安排，虽然“以为自己在做什么”，实际上“只是被工作追赶着”。当“在明天这个截止日期之前完成工作”成为唯一的人生目标时，必须要提高警惕。

6个探讨要素

虽然如此，有的时候我们并不知道“自己想做什么”或者根本就不知道想要拥有怎样的未来。

这种时候，集中用 6 个要素分别进行探讨，就容易看清现在所处的位置了。

（1）健康。

（2）感情。

（3）人际关系。

（4）时间管理。

（5）工作、履历、终身事业。

（6）财务、金钱。

假设上述每个要素的理想状态都是 100 分，那么现在自己能得多少分？明确这一点之后，自然就能发现提升得分的办法。

接下来，优先实施日程表中有助于提升得分的行为。

给满分定义

这时，最重要的是给各项目的满分下定义。

小腹微凸→必须要减肥

不是从这种问题开始，而是像

小腹松软→重点锻炼腹肌

这样，具体描述 100 分的状态，思考如何接近理想状态。这一点很关键。

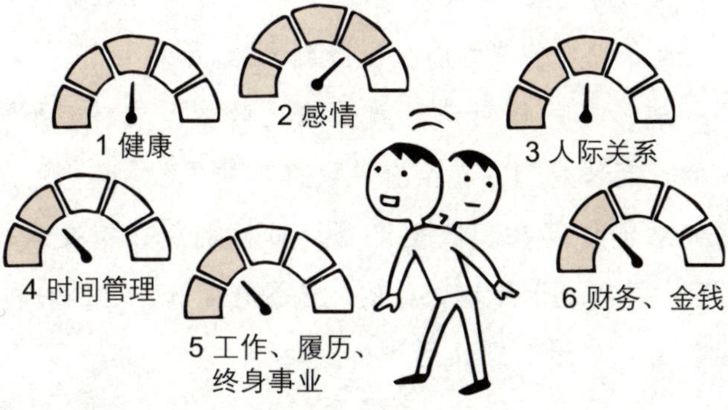

组织心理学家埃德温·洛克（Edwin Locke）和加里·莱瑟姆（Gary Latham）以木材运输从业者为研究对象进行了实验，结果表明，在没有特意规定理想目标的时候运载量是 60%，设定"94%"这个具体理想目标之后，运载量提高到了 90%。

想要接近目标，设定这种"具体而又稍微有点难度的目标"

是十分有效的， 而那种“尽力而为”的暧昧目标是无法改变人们行为的。

要 点

要注意完美主义

但是，务必要注意不能陷入完美主义。

斯沃斯摩尔学院的心理学教授巴里·施瓦茨[①]指出，如果拥有“不可能实现的高远目标”，则会降低人生的满足感。

教授还提出，定义理想的健康状态并为之努力固然很好，但是拥有像“体脂量没降到5%以下就是胖子”“如果不知道所有的最新消息就是缺乏教养”这样“不可能实现的过高理想”，甚至有导致抑郁的风险。

如果不打算参加健美比赛，目标就是保持健康的身体，不让腹部过于松软之类的。是不是有用力过猛的问题，必须要有意识地回顾反思才行。

定义理想的人

另外，说起“想要成为什么样的人”，大家一定会有自己的目标。因为有具体的理想对象，和现在的自己相比，应该改善什么，还有哪些不足，还是比较容易发现的。

人生之中有价值的东西，无论是技能、健康，还是人际关

① 巴里·施瓦茨（Barry Schwartz），美国心理学家。美国宾夕法尼亚州斯沃斯摩尔学院社会理论和社会活动教授。

系，都不是“一天就能得到”的。

所以，一定要用长远的目光，着眼于未来，认真思考并制订计划。

思考会受环境的影响

思考不同于平常的、长期性的目标时，如果换一个场所，也许想法更容易改变。

去咖啡厅或者酒店的休息室思考。明明家在东京，却特意去住东京的酒店。这些人应该就是想**通过改变环境为大脑提供刺激**。

人在日常的空间里容易受到视觉的影响，总是容易联想到与之相关的事情。

无论怎样在大脑里构思3年后的事情，一旦开始思考“啊，房间好乱啊”，就会立刻开始打扫房间，无法集中注意力。

所以，改变环境非常重要。

如果不方便在外面住宿，去一些平常不怎么去的地方也会有效果。平时不怎么去的街道，从来没有去过的咖啡馆。去这些地方，**看到的风景、遇到的人不一样，就会迸发灵感的火花**。

我有的时候会在早晨5点，拿着笔记本去附近的公园思考未来的计划。早晨几乎没有人，每天习以为常的风景呈现出不同的景象。四周十分安静，有利于集中精力。尤其是早晨刚起床的时候，大脑里没有杂念，十分清朗。不会被日常牵绊，可以冷静地思考未来。

“为了变成理想的自己，能够做什么呢？”

把这些问题写在笔记本上，思考具体的改善办法，渐渐会发现现在的自己应该做什么，自然就能为未来制订计划了。

第3章

节省时间

想要确保16个小时的私人时间，就必须减少工作、杂务所用的时间。

本章将介绍显著提高效率的办法。

提高判断能力

本章将介绍如何减少浪费时间。

日常生活中，可以节省的时间大致包括以下 3 种。

- 用来烦恼的时间。
- 用来找东西的时间。
- 用来后悔的时间。

首先，介绍缩减“用来烦恼的时间”的方法。

即使花费大量时间，也未必能做出“更好的判断”

我们一般认为“多花费一些时间就能够做出更好的判断”，其实**“你所花费的时间”和“判断的质量”并没有直接关系**。

熟悉市场营销的马尔科姆·格拉德威尔（Malcolm Gladwell）表示，认为花费更多的时间就能够“充满自信地做出判断”

只不过是一种感性的认识，做出的判断是否正确与为之苦恼的时间长短并没有直接关系。

有实验可以证明这一点。

心理学家塞缪尔·高斯林（Samuel Gosling）做了一个实验。科研人员以80名大学生作为研究对象，分别从外向性、协调性、认真程度、感情起伏、好奇心5个方面对他们的性格进行了详细的调查。之后，请这些学生的好朋友对相同项目做出了评价。毫无疑问，结果几乎是一致的。但是，令人惊讶的是接下来的内容。

下一步，研究人员让大学生向未曾谋面的陌生人展示自己的房间，请陌生人来预测自己的性格。结果，5项内容中有3项，陌生人的回答比挚友的回答更接近正确答案。

这表明做出判断时最重要的不是花费大量时间，而是获取准确的信息并进行专注的思考。

利用时间压力鼓足干劲

脑科学家茂木健一郎曾提出“时间压力”的办法，就是一种通过切分时间来提升速度的技巧。

在工作的时候，如果设置一个时间限制，一旦突破该限制，大脑就会分泌多巴胺作为奖励。于是，一想到“下一个任务必须在更短的时间内完成”，就会更有干劲。

这不仅适用于作业性质的任务，在需要判断的工作中同样可以使用。

实际上，花费1分钟和花费1个小时做出的决定，在结果上并没有差别。所以最好尽量减少用来烦恼的时间。

特别提示

斯坦福大学行为科学高级研究中心主任斯蒂芬·科斯林（Stephen Kosslyn）表示，如果置身于充满限制条件的环境中，人类的创造性具有提升的可能。例如，在食材受限的情况下会诞生全新的料理。正因为有制约条件，才激发出前所未有的创意。

相反，过于自由的情况容易导致混乱，令人难以做出判断。所以“时间压力”有加强创造性的功效，值得提倡。

意识到收获

通过完成任务，意识到“能够得到的收获”也非常有效。

“只剩下10分钟就要开会了，会议资料还没有准备好”，在这种紧急状态下，大脑也许会一片空白。但是，一想到“总结出资料并进行清晰的阐释，就能获批预算”，想象着成功时的收获，大脑就会更加清醒，能够专注于关键问题。

大脑里想着能够得到的回报，就不会因失败而感到不安，也不会因为害怕风险而停滞不前，反而会加快行动。

这是一种更为大胆的思维方式，不是细致的确认工作，非常适合把握要点进行决策的场合。

安排下一个计划

加强“时间压力”的技巧之一就是安排下一个计划。

它也需要把“去见某人”和“这个时间如果不出发就来不及了”之类的计划先安排好。

通过增加紧迫感，让我们的注意力再上一个台阶。

“不做完就糟糕了！”这种状况不仅让人感到压力，还会给身体带来负担，所以不推荐经常使用。但是，“归纳这份文件居然要两个小时，实在不想这么浪费”！遇到这种情况，就值得一试。

我在发快递的时候，首先要预约快递人员取件的时间。我总是想着“必须在约定的时间之前完成！”鼓足干劲来收拾东西。一想到如果不能按时完成就会给别人添麻烦，打包的速度就不禁变快了，到目前为止还没有耽误过。

训 练

进行提升判断能力的训练也很有效果。

例如，通过思考今天午餐吃什么，也能训练自己的判断能力。尝试用 5 秒来决定午餐的菜单吧。翻开菜单之后，开始倒数“5、4、3、2、1”，总之先下单点菜。东看西看会让人烦恼，一边问自己“想吃什么”，一边进行倒计时，感受注意力瞬间集中也是一件有趣的事情。适应之后，就可以自行掌控注意力了。

最大限度地减少找东西的时间

畅销书《致蓦然发现办公桌变得乱糟糟的你》的作者是经营收纳整理顾问公司的丽兹·达文波特（Liz Davenport），她指出“平均每位商务人士每年要花费150个小时来找东西”。

换算一下，相当于一年当中有整整一周的时间浪费在找东西上。只要做好整理收纳，就能得到一周的闲暇时光，所以我们先从减少所持物品开始吧。

半年不用的东西要么处理，要么电子化

据说桌面的状态就是你大脑中的样子。既然95%的文件都不需要了，那就下定决心处理掉，腾出空间。这很重要。

减少物品的原则包括以下两条。

- “半年以上没有动过的东西”要处理掉。
- 认为“今后会用到”的东西进行电子化处理。

遵循这些原则，将最近没有用过的文件、书籍进行处理或者电子化。

因为工作关系，我的书越来越多。读完的书，每个月大约有 30 本都会利用电子化服务进行处理。

虽然阅读的时候我更喜欢纸质的书本，但无论如何，书籍都会占用空间，所以我会把不会立刻使用的书籍进行电子化处理。

特别提示

北达科他大学的弗吉尼亚·克林顿（Virginia Clinton）的一项研究显示，阅读纸质书籍比电子书籍更能深刻地理解内容，记忆更加牢固。这是因为看纸质和看屏幕时，使用的大脑部位不一样。所以，虽然知道最后处理的时候很麻烦，我还是一定会在阅读完纸质版书籍之后再进行电子化。

在检索的时候，电子数据更方便。因为不是直接扔掉，所以可以干脆利落地进行处理，是我比较满意的方法。

只是,电子化之后出现的新问题是数据的保存和容量问题。在反复调查之后，我选择利用专业的电子化服务。

如果收纳空间不够用，就代表“持有过量”，无论是文件、衣服还是杂物，我都坚决贯彻“没地方放就扔掉”的原则。

减少所持物品，一眼就能看清自己拥有的东西，还可以防止再次购买相同的东西。

目标就是**保持书架上、抽屉里放了什么都一目了然的状态。**对于远程办公和居家时间较多的人来说，减少用于找东西的时间，有利于提高生活品质。

下一节我们将整理一下收纳的要点。

创造不影响注意力的环境

视觉信息是妨碍注意力集中的主要原因之一。

加州大学欧文分校的格洛丽亚·马克（Gloria Mark）博士的一项研究显示，**每位商务人士平均每3分钟就被打断一次工作，一旦注意力受到影响，平均需要25分钟才能重新集中注意力，这都会给大脑造成负担。**因为每次都不得不回想刚才做到了哪一步，然后重新找回节奏。

于是工作质量下降，而且人的注意力总是不能保持集中。这实在是太可惜了。

从现在开始，我们来创造一个不容易被打扰的环境。

所见之处不放东西

从事某项工作的时候，最重要的一点是，**不在眼前放置与该工作无关的任何物品。**

如果看见无关的东西，就容易走神，联想起“哎呀，那件事情忘记回邮件了”或是“这个文件截止日期是什么时候”。每次都要花费 25 分钟才能重新集中精力，实在太浪费时间了。

桌上不放东西

与工作最直接相关的地方就是办公桌。

在视野范围内不放置与目前所从事工作无关的任何物品，是集中精力高效工作的重点，所以办公桌上最好什么都不放。

如果不能将所有的东西都收纳起来，可以准备一些纸箱，把桌上的东西暂时挪开，打造一张全新的办公桌，也很有效果。

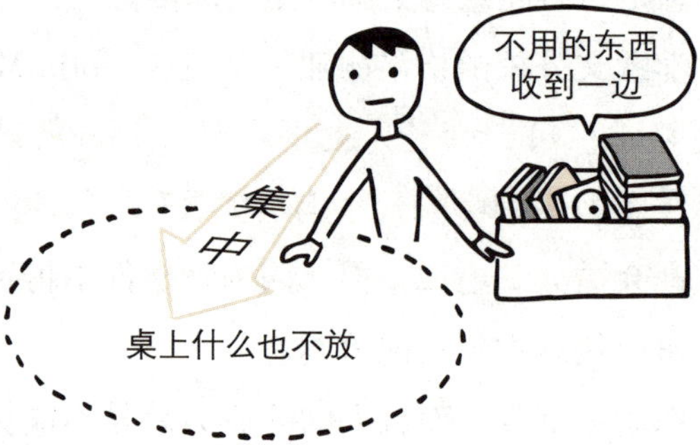

用全屏模式工作

同样地，电脑桌面也只呈现出一个画面。如果打开好几个窗口，就会影响注意力。屏幕只打开现在工作的界面，用全屏模式工作。

根据使用频率决定收纳场所

即使在非工作时段，拥有整洁的环境也很重要。如果你觉得这个地方“不太好用”，那么意味着这个地方东西过多。把这样的地方列入清单，休息日统一进行整理。

在整理的时候要注意几个原则。

整理的原则

想要整理小件物品的时候，我一般会遵循下列原则。

- 一天最多只用一次的东西放在“看不见的地方”。
- 一天要用好几次的东西放在“随手可以拿到的地方”。

例如，电脑、耳机、咖啡机、纸巾等，每天要用很多次，所以放在肉眼可见的地方。

但是诸如剪刀之类的文具、日记本，或者吸尘器等家电产品一天最多用一次，所以想好归置的场所，不放在显眼处。

提前想象理想状态

稍不留神“抽屉里面”就容易乱成一团，不妨先想象一下“理想状态”。

在考虑“如何整理”之前，先构想一下“理想状态”才是捷径。

如果理想状态是“拉开抽屉，里面的东西一览无余”，那么使用双层文件盘就看不到整体状态，便可以放弃使用双层文件盘进行收纳。如果笔的数量过多，也可以适当减少。

由于经常使用订书机装订文件，因此“想要一打开抽屉就能拿到订书机”，在考虑布局的时候，自然就会在抽屉最前方放置订书机。

一般情况下，把印章、曲别针之类的放在抽屉前方，方便使用。

中间和下面的抽屉一般都可以承载一定的重物。因为不会频繁开关，所以我通常把名片、词典，或者需要保存的文件按文件夹分门别类地摆放在这两层抽屉。

像这样从用着顺手的理想状态倒推回去，更容易找到解决办法。

小贴士

心理学家列夫·维果茨基[①]的研究成果表明，即使命令小朋友“老实待着不许动”，他们也会动来动去，但是如果告诉他们“变成哨兵”，他们就会老实待着。

人可以通过角色扮演变身为另一个角色来顺利完成某种特定的行为。将这一点灵活运用在自己身上，也不失为一种办法。

我就扮演了“收纳人士”这个角色。一天伊始和制订一周计划的时候，我化身为“收纳人士”开始思考应该整理哪些地方。定期作为能够客观思考的专业“收纳人士”登场，有助于保持环境整洁的状态。

---

① 列夫·维果茨基是杰出的心理学家,著名的社会文化历史学派的创始人。

减少用来后悔的时间

每当想起从前的失败，就会感叹“那个时候要是这样的话……”，从而人会变得意志消沉；无所事事地度过周末之后深感自责；一时冲动对别人说了狠话，懊悔不已……这些用来后悔的时间，会分散大脑的注意力，导致原本可以轻松完成的工作耗费双倍的时间。

从已经发生的事情中总结经验教训固然重要，可是如果总是耿耿于怀，还不如用这些时间来做一些让人开心的事情。

将令人介怀的事情抛诸脑后

受制于不安和烦恼的状态也叫作“蔡加尼克效应”。“蔡加尼克效应”是心理学家库尔特·勒温（Kurt Lewin）和他的学生布卢马·蔡加尼克（Bluma Zeigarnik）提出的一种大脑现象——**尚未完成的任务更能吸引人的注意力**。

例如，电视连续剧一般都会在每集结尾安排一件大事，然后戛然而止。于是大家很好奇接下来的剧情发展，想要看下一集。这就是利用了蔡加尼克效应，让观众“对没有完成的事情抱有兴趣”。

工作也是一样。你有这样的经历吗？和认真完成的工作相比，对中途顶替别人承接的工作或者遭受挫折的工作的印象更加深刻。

后悔就是这种机制，**“因为没能完成”，所以心心念念，反复回想。**

所以有必要把工作做到一定程度，让它告一段落。这种时候不妨参考下列步骤。

把“后悔”写在纸上

首先，把“后悔”写在纸上。后悔的可怕之处就是无限占用时间。然而，仅仅在大脑里重复“那样就好了”或“如果没有这样就好了”根本不会改变眼前的现实。

但是，如果把它们写在纸上，大脑就能够清空。正如有一种治疗方法叫作“书写疗法”，**书写有助于整理感情和思绪。**

书写的时候首先记录事实，之后再写下自己的心情。

将事实和情绪分开，人就能变得更加客观。

观察与学习

其次，去理解导致后悔的真正原因。仅仅是耿耿于怀不会有任何收获，写在纸上后，客观地看待事实和情绪，就能发现导致自己“失败的原因”，到底在什么地方出了错。如果时光倒流，改变哪些行为会带来截然不同的结果。要去回顾这些要点。

也就是说，**将失败的经历作为宝贵的反馈去重新认识。**

下定决心

最后，**坚定如果发生相同的情况就要采取相应行动的决心，完结此事。**

之所以会反复回想往事、不断感到后悔，是因为你没有下定决心。

因为吃得太多而感到后悔的时候，如果决定“明天早上，起床之后去跑步”，也许就不会一直闷闷不乐了。因为工作失误懊恼不已的时候，如果决定“下次要尽早确认”，就会接受这次失败确实是无奈之举。从人生经历的所有事情当中，应该都能学到东西。

像这样终结用来后悔的时间，就能得到更多、更高效的时间。

人类有一种**“后视偏差”**行为，即对当时无法预知的未来，却容易认为“应该能够做出更好的判断”。但是，真实情况往往是“事后诸葛亮”，只是因为现在知道了结果，所以才觉得可以做得更好。

通过这3个步骤客观地反思，应该就能从后悔的漩涡中逃离出来。

小贴士

顺便说一句，利用“蔡加尼克效应”还可以让自己采取积极的行动，如“堆积阅读”。

有些书看上去太难或太厚了，“也许什么时候会看，但是总是难以翻开第一页”。把这些书买回来，就会想“呀，那本书还没有看过呢”，大脑会一直对它保持兴趣，总有一天会翻开看。即使不会马上看，感兴趣的时候先把书买回来就对了。

尤其是在阅读几页之后，效果会更加明显。无论如何都想要看完的心情占了上风，看完的可能性会提高很多。

科学提升行动力的方法

明明知道有些事情只要去做就可以了，却总是很难开始。有没有考虑过让自己更有行动力呢？

其实，任何人都可以科学地提升行动力。

把工作当成游戏，大脑会更加愉悦

最适合提升行动力的方法就是使用定时器进行时间管理。**特别是“作业性质的工作”，如果利用定时器“把它变成游戏”，**就会顺利地推进。无论是工作还是家务，都不例外。

人类的大脑具备一种功能，**如果面对的是游戏，就会想要通关**。所以规定“15 分钟将这 3 项任务全部完成”，把它变成游戏，动力就会提高很多。

《纽约时报》记者查尔斯·杜希格（Charles Duhigg）提出，匹兹堡大学进行的一项实验充分证明了人是非常容易对游戏上瘾的。

实验内容是，将 1 ~ 9 的数字显示在电脑屏幕上，让参加实验的人提前预测即将显示的数字是否“大于 5”。虽然无论哪种答案都有 50% 的准确概率，但是猜对了的人大脑会呈现出兴奋状态，甚至在实验结束之后还有人表示“想带回家继续猜”。

这是因为游戏特别有趣吗？为了验证这一点，研究人员使用电脑进行预测，让参与实验的人员在一旁“只是看着”电脑是否预测正确。这次，他们的大脑完全没有感到期待和兴奋。

也就是说，“正是因为自己参与到游戏中，才会感到兴奋”。这证明**大脑是喜欢游戏的**。

如果利用这一点，把复杂的工作按时间段进行切分，设计成能努力完成的游戏，大脑应该就会变得干劲十足了。

计算之后发现大多数工作几分钟内就能完成

而且计时有助于降低从事复杂工作的门槛。

例如，认为“刷碗实在太麻烦”，但实际用秒表计算一下，就会发现“什么？才需要 3 分钟……”。大多数情况都是如此。

于是，当要陷入“太麻烦了……”这种思考习惯的时候，就能够转变成“呀，不过 3 分钟而已，现在就开始做！”。

想要完成创造性的工作，关键在于完成之后的计划

如果从事的是需要深度思考或需要创造性的工作，设定 1 个小时为上限，就能迅速提升注意力。尤其是诸如 1 小时之后去吃饭、1 小时之后出门等安排好的“下一项行动”，大脑就会意识到“必须在预定时间之前完成！”注意力就会更加集中。

反复几次之后，**应对各种杂务就会更加轻松。自己能够保持多长时间的专注、会感到哪种程度的疲劳，一切都了然于胸。**今后制订计划的时候，也会变得更加顺利。

充分利用定时器

在作业之前，规定好要花“几分钟”，然后利用定时器设定时间。可以用 iPhone 来定时（跟 Siri 说“10 分钟之后提醒我”即可），如果担心手机耗电或者不想因为操作手机破坏注意力，还可以用电脑软件来定时。例如，Windows10 系统自带了“闹钟”这个简单的定时软件。

但是，要使用定时软件中的闹钟功能，必须要把“应用软件的通知打开”。这样一来，其他软件的通知和邮件都会推送，反而会干扰注意力。

所以我个人比较推荐免费的应用软件。

推 荐

免费的定时软件

SnapTimer：不需要安装就能使用的超简单定时器（需要下载）。可以按 5 分钟为单位设定时间。适用于 Windows。

CoolTimer：能够显示文本的定时器，可以用于提醒。适用于 Windows，也有收费版本。

Gestimer： 可以同时设定几个时间，还可以固定在屏幕上的工具栏里。我使用这个软件来管理自己的日常工作。仅适用于 Mac。

TimerRH： 功能超简单，是一款非常好用的定时器。可以同时设定多个时间。仅适用于 Mac。

此外，还有很多免费的定时器软件，有些软件还具有倒计时功能，只需选择适合自己的、好用的软件即可。定时器软件不仅可以用来管理工作，还可以用来计算浏览网页、观看视频的时间。

使用定时器的规则

使用定时器的时候，需要注意以下两点。

第一点，设定一个最低限度的时间单位，保证"在这个时间段里自己能够全神贯注"。

例如，需要长时间思考的工作，建议以 1 个小时为上限。单纯的手工作业，要保证能够以游戏的状态进行，不产生厌烦情绪，建议不超过 10 分钟。

第二点，**设定好时间之后，把智能手机放在视线范围之外。**很多人觉得手机放在哪里都无所谓，只要不去触碰它就行。其实已经有实验证明，智能手机只要进入视线范围，就会导致人的认知功能下降。

等到适应这种做法之后，即使不用定时器，利用其他工具也能控制自己。

例如，在放完这两首曲目之前，把纸箱整理好、扔掉再回来；或者灌满浴缸需要10分钟，在此期间收拾桌子，清空桌面。

类似这样的感觉。巧妙地利用外部环境，即使没有定时器，也能正常运转。

最为重要的是，区分时间安排活动。

实验

得克萨斯大学曾经做过一个实验，证明智能手机一旦进入人的视野，就会出现“智力流失”（Brain Drain）。将参与实验的学生们分成3组，把手机设置成静音模式，分别把手机“放在桌上”“装进包里”“放在隔壁房间”，然后接受认知能力测试。

结果显示，成绩最优秀的是把手机“放在隔壁房间”的小组，成绩最糟糕的是“放在桌上”的小组。尤其是即使不用、不碰手机，仅仅是意识到手机这个令人分心的物品存在，注意力就会被吸引过去。

如何拟定吸引人的To-Do清单

想要度过有效率的一天，拟定 To-Do 清单必不可少。但是，只是罗列应该做的事情并没有什么效果。我们需要拟定清单，让大脑干脆利落地行动起来。

定制个性化的To-Do清单

无法好好地利用 To-Do 清单的原因包括“想做的事情模棱两可”和“对时间没有概念”。

写下具体的工作

在制订清单时，很重要的一点是能否想象“执行行动时自己的形象”。人只有对能够想象的事情，才能付诸实施。

例如，“让桌面变得整洁”。具体收拾到什么程度才叫整洁？对于无法想象的人来说，这种描述方式没有任何效果。

- 将文件按照不同计划整理到文件夹中。

• 对于已经完成的工作，只扫描文件中的预算部分，然后再处理。

因为写出了具体的行为，所以能够顺利执行。

每个人的情况都不一样。是否擅长、有无经验，可谓千差万别。有的人仅凭“制作提交给银行的事业计划书”就能形成概念，而有的人听到“为出差预订酒店”还是一头雾水。

对于有经验、具备相关工作技能的人来说，写得粗糙一点也能明白具体该做什么。但是除此之外的人，如果不区分工作进行细致描写，即使拟好了 To-Do 清单，也不会有什么效果。

预计花费的时间

拟定具体的清单之后，在旁边写上预计花费的时间。**思考所需的时间，可以避免制订一天之内根本无法完成的任务清单。**

不擅长利用时间的人，在大多数情况下，也不善于“预计”一天的时间。为此，有意识地训练自己准确地估算时间，有助于改善今后的日程安排。

决定优先顺序

明确 To-Do 清单的优先顺序非常重要。

A：最优先（最先完成）。

B：今天之内完成即可。

C：今天不做也行。

在 To-Do 清单旁边标注 A、B、C。如果可以的话，把 A 写到手账里。这是一种仪式，表明绝对要在今天之内完成的决心。

把“这个时间做这件事”写在手账或者网络日历中，对大脑来说是一种重要的约束。人很容易被眼前的事物和突然想到的事情占用时间。通过记录，可以给自己施加“必须完成”的压力。

当天结束之前，用 5 分钟来回顾

要制订有效的 To-Do 清单，回顾也很重要。在完成当天的 To-Do 清单后，不要立刻扔掉清单，而是一直保留到晚上。然后，花费 5 分钟进行回顾。

我在回顾的时候才发现，本来以为“30 分钟就能搞定”的事情用了 1 个小时，而“1 个小时就足够”的事情实际上耗费了 3 个小时。

难怪总是觉得时间不够用，一次一次地拖延。

如果可以，哪怕是寥寥数语，最好能把回顾时的新发现记录在手账上。

例如，“请教上司之后，只用了预计的一半时间就做完了”，

像这种今后可以继续使用的做法，记录下会加深印象。相反，“事先没有做好准备就直接向上司请教，结果被教训了1个小时”，这种反省也需要记录下来作为教训。

反复进行上述训练，预计时间的能力就会大幅提升。

特别提示

畅销书《人性的弱点》的作者戴尔·卡耐基保存的FTD文件，是“Fool Things I Have Done（我的愚蠢行为）”的简称。他在这里记录了“改进之处”，正是无数个改进之处成就了这位世界级的作家。这个小故事再次告诉我们反省的重要性。

使用喜欢的工具进行任务管理

在进行任务管理的时候，很多人不知道哪种办法更适合自己。

使用应用软件

如果你使用Gmail，那么我推荐Google ToDo，它可以与Gmail、日历同步，方便管理日程。

此外，Microsoft To Do也可以与邮件、日历同步。还有很多免费的、可以多人共享的To Do应用软件。有的软件能够区分领域制订多份清单，可以将“艺术家之约”的清单、想要整理场所的清单等清单分开管理，非常方便。不妨尝试去寻找那些适合自己需求、方便好用的软件。但是，有些软件任务完成后就会清空内容，如果你需要回顾已经完成的任务，就要多加注意。

使用便签

将任务写在便签条上，完成之后就撕下来并统一放在其他地方，晚上回顾之后再集中处理。我一直在用这个方法，差不多坚持了10年。完成之后撕下便条会有一种痛快淋漓的感觉。

便签便于粘贴，还可以根据当天的安排调整顺序。对于做不完的工作，也可以延续到第二天（其实内心是不想拖延到第二天的）。

手写清单

如果你一直都是喜欢亲手制订计划的人，那么手写清单比较适合你。因为是亲手写下来的，所以大脑对当天的任务印象更深刻，更有助于提升动力，确保当天完成。

完成之后，用粗记号笔画上大大的叉，或者用双线划掉，也会让人产生强烈的满足感。所以当我鼓足干劲想要完成大量工作的时候，就会选择手写清单。

选择适合自己的方法，根据忙碌程度和工作内容灵活使用，可以有效提升自己管理任务的能力。

思考一天的安排

制订了有效的 To-Do 清单后，下一步就是决定清单项目的执行顺序。

“首先完成 A，其次是 B，做完 C 之后，就去吃午饭”。

像这样，事先想好工作的流程，就能逐步提升行动力，缩短工作时间。

记录步骤安排

只罗列要做的事情，这样的日程安排并不可取。如果接到临时工作，或者工作花费的时间比预想的时间要久，这就会导致原计划无法实现。

日程安排是为了提高一天的成功率。为此，考虑步骤、进行预演是很重要的。我把记录当天流程的内容叫作“提高胜算笔记”，每天早上都会记录。

阻止计划外的行动

计划无法实现的原因之一就是“要做计划外的事情”。

所以，通过记录笔记来提高胜算，了解自己会在什么时候采取计划外的行动。

就我个人而言，容易出现计划外的行动会在：

- 移动的时候。
- 午餐、晚餐之后。

因此，我会注意在移动的过程中不分心、重新规划路线，甚至在安排日程时会特意考虑到绕行的情况，通过这些方式确保当天的计划不受干扰。

结合私人安排制订 To-Do 清单

为了整理思绪、切实把握当天的计划，制订 To-Do 清单是非常重要的。但是有很多人只考虑到工作，并不会把私事记录下来。

不过，**我建议大家拟定清单的时候把工作和私事放在一起。**例如，把“去银行办理某项手续”写进任务清单，考虑到步骤安排，写下“午餐之后走到银行即可。那么午餐就选择银行附近的餐厅吧”，这样计划就能顺利地进行下去。

整合工作

整理任务的时候，“将这两项放在一起做会比较轻松”，积累类似的经验也是一种不错的选择。

假如有两份文件需要撰写。就算你想在 1 个小时内拟定 A

文件和 B 文件，但同时撰写两份不同种类、形式各异的文件恐怕还是难以胜任。

反之，如果将“扔垃圾”和“准备发布会的资料”两项工作安排在一起，在扔垃圾的路上大致构思发言的内容，扔完垃圾之后便可以将构想写成文字。这种方法相当高效（我个人深有体会），大家不妨试试。

如果不把任务看作一个单一的“单元”，而是作为“流程”来考虑，渐渐就会形成专属于自己的制胜模式。

在做饭的时候播放音频，慢跑的时候回想过去一周发生的事情，训练的时候制订整理房间的计划等，**“思考”和“活动身体”这两项任务简直是绝配**。

务必尝试一下只属于自己的组合方式。

通过“一心二用”提高效率

有种说法认为一心二用会降低大脑的认知功能，所以不建议同时进行多项工作。但是我们知道，如果多项工作所使用的大脑部位不同，即使同时进行也不会降低效率。

不需要“判断”和“思考”的工作

咨询公司的CEO德沃拉·扎克（Devora Zack）在其著作《一心专用工作法（高效工作并不难）》中写道“假如有两项完全不相干的工作，只要其中一项不需要有意识的努力，同时进行这两项工作并不会有任何损失”。

例如，她推荐了一些“不需要判断和思考的工作”：

- 听音乐。
- 将文件归置到文件夹里。
- 准备简单的饭菜。
- 极其单纯的手工劳动、修理。

一边从事这些工作，一边进行判断、思考，大脑的认知功能并不受影响。所以可以把它们和思考企划书、小论文等工作结合起来。

一边看电视一边拉伸肌肉，一边在跑步机上跑步一边听音乐，会比只专注于其中一项活动更有激情，更有效果。

制订“15分钟任务清单”，不浪费碎片时间

要想有效利用“一心二用工作法”，最好在平时列出作业型的工作清单。

只要想到能在 15 分钟之内完成的工作，就立刻把它记录下来。

记录在智能手机的备忘录里，写在便签上贴在办公桌旁，或者制订专门的 To-Do 清单。

例如，下列事项都属于该范畴：

- 需要确认的事项（在网络上立刻能查到的信息）。
- 回复特定的邮件。
- 可以通过邮件、电话确认的工作订单。
- 邮寄、打印、归档等工作。
- 抽屉的第一层等限定场所的整理工作。

在进行其他工作时或者早晨突然想到的事项，都随时记录下来。

有了这个清单，在注意力无法集中的时候，挑选几个来做，既能调节心情，也不会浪费时间。

创造性的工作带来深度和广度

一心二用带来的显著效果是**“同时思考会提高创造性”**。

同时思考会给工作增加广度，组合思考更容易产生新的创意。

例如，我要准备多个演讲，就会同时构思这几个演讲的内容。于是，就会出现这样的情况——“现在想到的内容，不能用于 A 研讨会，但可以用于 B 研讨会”。

商务人士同时想象“10 个客户的表情”，然后分别思考能为他们做什么，就会诞生新提案——“本来是对客户 A 的咨询内容做出的答复，其实也可以回复客户 B 啊”。

写文章包括思考、判断、写作三个阶段，如果中途被打断，效率会急速下降。但是，在思考创意的阶段，将相似的东西放在一起思考是一种提升创造性的办法。

杜绝"拖延"的方法

明明还有必须要完成的工作，却总是不自觉地拖延，无所事事地度过被动时间。

那么如何避免拖延呢？

通过4个步骤掌控自己

要战胜拖延，开始很重要。可以通过4个步骤来推动自己。

无论如何先迈出"第一步"

人只要迈出第一步，就能继续前进。马拉松也是由无数个第一步开始的。

首先拿出纸笔，写下"开始！"。

具体写出"何时""何地""做什么"

事先设定好"如果发生了某种情况，就要做这件事情"，这种方法称为if-then方法。日语称其为"执行意图"方法，在写着“开始！”的纸上写明**要做的事情所需的“场所”和“日程安排”，以及计划发生变化时的应对方法。**

纽约大学的心理学家彼得·戈尔维策（Peter Gollwitzer）进行了一项实验，分别要求两组大学生在圣诞假日之前提交一篇题为《如何度过假期》的短文。

提交时间都是48小时之内。要求第一组提供打算写文章的具体“时间”和“场所”。对第二组没有做任何要求，只告诉他们提交的日期。

结果，决定具体“时间”和“场所”的大学生中提交文章的人数是另一组的两倍。

很多人都能意识到“截止日期”，会提醒自己“在某个时候之前必须完成”，但是仅仅依靠这一点是不会行动起来的。**制订计划时，突出“何时”“何地”等具体事项是非常重要的。**

明确操作程序，分步骤进行

很多事情看似明白，但实际操作时才发现无从下手，你有这样的经历吗？**这是因为不明白具体应该从哪一步开始。**

弗吉尼亚大学的心理学家乔纳森·海特（Jonathan Haidt）用“大象”和“骑象人”来比喻无意识与意识的关系。

我们的“意识”就是骑在大象背上，指挥大象的“骑象人”，当“无意识”这头大象顺从时，“意识”自身是不会行动的。如果大象拥有“不想动弹”或“想干别的”这种愿望，“骑象人”就会变得软弱无力。

无论“意识”多么想要“必须完成！”，我们都无法实现，这是因为“无意识”在进行抵抗。**“无意识”的力量就是如此强大。**

想要灵活地驱使懦弱、懒惰的大象，必须要牢记以下两点。

- **对于不明白操作顺序的事情，会产生疑惑，所以不想做。**
- **初次尝试会畏手畏脚，所以想简化。**

也就是说，必须要细化任务，才能解决以上问题。

明确目的

在面临艰巨任务的时候，最能提升动力的就是**明确目的。**

哥伦比亚大学的心理学家海蒂·格兰特·霍尔沃森强调，难以着手的事情可以通过“明确目的”来鼓足干劲。

对于那些容易被拖延的事情，明确“出于何种目的而行动”就能提高意愿。

这种时候，不妨思考一下“到底自己的工作是为了‘谁’解决‘什么烦恼’”。

特别提示

关于目标达成的实验结果表明，“考虑到障碍和对策”的人比“只想象顺利进行”的人达成率更高。纽约大学心理学教授加布里埃尔·厄廷根（Gabriele Oettingen）进行了一项针对康复患者心理状态的问卷调查，并追踪调查了之后的恢复速度。

结果表明，“在认识到现实困难的基础上去思考康复”的人恢复得较快，而那些只想象“马上就会变得舒服一些”的人几乎很难出现恢复的迹象。

也就是说，要实现目标不仅要怀有“马上就会好起来”的乐观想法，更要思考具体的计划和行动，只有这样才能克服困难，真正跨越障碍。

设定让他人参与的截止日期

宣布“在什么时间之前要做某件事”，让他人参与进来，也是一种避免拖延的方法。

一旦公之于众，就会给自己带来压力，产生切实的效果。

表明决心

宣布做某件事的时候，如果对象选择合适的话，效果会更加显著。例如，选择支持自己的人或者一旦承诺就务必要兑现的对象。

当我想要养成早上 5 点起床的习惯时，就找了愿意一起挑战的伙伴，互相在社交软件上宣布，互相汇报起床时间。一想到自己还有并肩作战的伙伴就能够持续努力。这也是我想推荐的办法。

即使找不到合适的伙伴，只在社交软件上发布消息也会有效果。**干劲不仅是藏在心里的，把它公之于众也很重要。**

语气坚定

在宣布要做的事情的时候，语气一定要坚定，不要说“想做”，而是干脆地说“要做”，这一点也很关键。

因为改变语气的表达方式，就能让自己意识到这不是“如果能实现就好了”这种程度的愿望，而是“必须要做到的事情”。

拖延会让大脑一直记着没有完成的任务。如果想要充分利用容量有限的大脑，就必须逐件完成任务，然后再推进下一项工作。

在早晨完成前一天的剩余工作

即使计划当天完成的工作没有做完，也最好**避免加班，因为加班效率较低。**

尽管大家都说“加班时间长是日本企业的恶习”，但其实有不少人会通过加班把自己累得精疲力竭，以此获得某种成就感。

但是，工作是根据成绩来评价的。通过辛苦自己来获得安全感的行为还是停止吧。

停止加班，早睡早起

加班时工作效率低下，是因为大脑的创造力降低了。在《成为一流的人物是靠天赋还是努力》一书中，心理学家安德斯·埃里克森（Anders Ericsson）科学地分析了一流人才的表现。他指出**人在一天之内保持高度注意力的时长大概有4个小时，**所以工作时间超出正常范围必定会导致注意力不集中。

所以，即使没有完成当天的任务，到了下班时间，也还是暂时离开工作吧。

与其通过工作让自己变得疲惫来获得充实感，不如享受私人时间，让自己的每一天更加美好。

设定回家的时间

相比时间充足，人在时间紧张的情况下工作的效率更高。因为紧迫感会缩短判断的时间，人几乎没有时间犹豫。因为时间紧急，对事物的执念也会减少，所以能够轻松地说“不”。

因此，如果每天自己设定好“下班时间”，集中精力在下班之前完成任务，效率就会提高。

如果想着“做不完那就加班好了”，人就无论如何都会犯懒。

即使在下班时间没有如期完成工作，也要遵守时间，按时下班。与其硬撑着疲惫的大脑去完成工作，不如第二天早上再继续完成剩余的工作。

当然也不能把剩余的工作带回家。从结果来看，避免占用私人时间有利于尽早完成工作。

早起解决问题

越是有剩余工作的时候，越要早点回家休息。

早早地休息，第二天早上 4 ~ 5 点起来工作，效率更高。

早上刚起来的时候，大脑会分泌激素，充满意志力，精神饱满地开启工作状态。早晨 5 ~ 8 点，应该能完成 3 倍于夜间的工作量。

需要花费数日的工作

遇到需要花费数日的工作，面对截止日期会有很强的紧迫感，即使设定好下班时间恐怕也很难执行。

这时候，可以用下列步骤来应对。

在日历上写好计划

准备好日历，一旦确认“在这个阶段应该会稳定下来”，就填入下列几项内容：

- 完成工作的日期。
- 回顾的日期。
- 所期待活动的日期。

人一旦把“期待的事情”写进日程安排，就能够激励自己去努力。

与其根据当天的心情决定“今天累了，去按摩吧”，不如选择“既然周末要去按摩，那就全力以赴完成工作吧”，后者让人更有动力。

如果可能，具体写清楚“何地”“和谁”“做什么”，动力会更强。

工作中加班和休息日出勤都在所难免。越是从事长期工作越要注意身体健康。而且，**要维持稳定、高效的工作，必须要避免将意志力消耗殆尽。**

找到反省点

结束了忙碌的工作以后，在日历上规定的回顾日里，留出充足的时间进行反省，主要包括以下两点：

- 这次是什么原因导致手忙脚乱。
- 为了预防情况再次发生，应该在哪个阶段做什么。

很多时候，我们都会发现“如果在这里这么做的话就不会发生这种事情了”。

即使是自己无法决断的事情或者突发事故导致的问题，也一定会有能够加以改善的地方。例如，提前确认、尽早将日程告知客户等。

好不容易完成了艰巨的任务，应该从中找出值得借鉴的要点，为今后的工作提供参考。

类似会计这种会定期繁忙的岗位，通过调整前后的工作安排，这种繁忙的状况也能在全年得到改善。

特别提示

需要注意的是，不要在自己无法决定的事情上花费太多时间。例如，很多管理者时常关注下属的进步或频繁地与其进行沟通，这都会花费大量时间，消耗很多能量。我认为极致的高效就是“不予管理”。如果真心希望下属能够迅速成长，并自己进行决断，就要尽量避免微观管理和完美主义。

不想做的工作，换个目的

不擅长的工作只要换个目的，就会顺利开始。这也是一个节省时间的技巧。

坚持不擅长的事情

例如，在必须准备会议资料的时候，如果认为“是为了下周的会议”，就很难产生动力。但是，“通过它熟练掌握Excel的用法，以后完成其他工作的速度也会加快”，像这样换一个想法，认为“是为了提升技能而做”，就会充满干劲。

除了从工作的角度出发，**认为“先学会以后就能指导孩子”也是可以的。**

和运动一样，即使在那些只考虑“为了瘦身”和“为了健康”却无法执行的人当中，也不乏一想到为了提升工作表现“让大脑充满活力”就能付诸实施的人。

有些女性一想到做饭不是“为了健康”而是“为了让肌肤更美丽”，就能坚持下去。

考虑到学习英语是“为了工作”就难以坚持，但如果是“为了旅行时更加享受”，就可以继续。

决定将24小时全部“为我所用”，人生的充实度就会发生巨大的变化。这样一来，不擅长的事情也能因为“对自己有利”而坚持下来。

从喜欢的事物中收获灵感

在替换目的的时候，从“为自己在做的事情”开始倒推思考，会更容易找到动力。

和报酬配套

例如，忍不住“看电视”或“喝酒”的时候，要思考一下：

“为了什么而做这些事情？”

“通过这些事情会得到怎样的满足感？”

于是，就会发现诸如“总之想要忘记现实”“想要放松”等理由。

这就是和报酬配套。

通过把学习英语的时间当作“忘记现实的时间”，决定远离一切工作，一边享受一边学习，还可以挑选喜欢的电影和书籍作为教材。这是学习英语的好方法。将喜欢的电影作为教材，反复观看，背诵台词；购买心仪书籍的配套音频，一边朗读一边练习听力。浏览与兴趣爱好有关的英文网站，也是坚持快乐学习的方式。

另外，制作不擅长的资料时，还可以“喝一些喜欢的饮品把它变成令人愉悦的事情”或“和茶点时间安排在一起”，像这样自行设计。可以选择喜欢的咖啡店，也可以奖励自己去想去的地方。

准备好奖励

面对需要高度集中注意力的工作时，决定“完成之后去喝上一杯！”，像这样在结束后准备奖励也是不错的做法。

即使是小小的奖励，也能发挥巨大的作用。

要点

劳拉·盖雷蒂（Laura Garretti）和海蒂·格兰特·霍尔沃森合作完成（进行）了一项实验，调查在达成目标的时候哪种动机比较有效。实验对象分成两组，分别在被告知“为了证明自己的能力”和“为了提升分析能力”之后回答问题。

结果，问题越难，“为了提升分析能力”小组的动力就越大。也就是说，比起寻求别人的好评、证明个人的能力，致力于“提升某种能力”的人更有毅力。即使失败也能迅速振作，为了进一步提升能力而坚持努力。如果想要实现困难的目标，像这样思考就能坚持奋斗。

人会在成长的过程中感受喜悦。任何任务，都能通过调整目的来感受快乐和实现价值。

忙碌的时候，人的视野容易变得狭窄。但是，你的人生目标绝不仅仅是“完成眼前的工作”。

我们在度过自己“感觉有意义”的时间中感到满足。因为忙碌地度过对自己毫无意义的时间，会降低我们的幸福感。

当然，作为一个社会人，不可能永远只做自己想做的事情。但是根据个人情况重新思考目的，应该就有改变自己的动力。

从事自己不擅长的事情也是人生的一部分，竭尽所能地思考从中可以收获什么，尽情享受这个过程吧。

第4章

高效地使用大脑

保证全天稳定的工作状态，就不会出现没有精力享受私人时间的情况。

本章将介绍如何利用大脑的特性，巧妙地使用大脑。

安排固定活动

“意志力”即自制力，是一种能够自我控制的能力。有人天生意志力就强，也有人生来意志力就弱。但是无论意志力多么坚强的人，也有脆弱的时候。

意志力要省着用

心理学家罗伊·鲍迈斯特通过对数千人进行调查，得出以下两点结论。

- 意志力的量是有限的，每次使用都会损耗。
- 所有行动中用到的意志力都来自同一个地方。

也就是说，无论是学习、用餐，还是和别人交谈，全部都在使用相同的意志力，而且越用越少。

意志力会伴随下列行为减少。

- 控制思考。
- 控制感情。

- 控制冲动。
- 控制表现（即使想要停止正在从事的工作，大脑也会坚持把它做完）。

如果通过以上 4 种行为反复消耗意志力，人就会经不起诱惑，变得容易放弃。

因此，在工作需要做出重要判断的时候就会缺乏冷静，对挑衅做出过度的反应，引起麻烦。

要维持大脑的正常活动，**减少不必要的选择、忍耐、感情强烈起伏的场景是比较明智的。**每做一次选择，意志力就会减少，所以最好不要为难你的大脑。

很多人可能都有这样的经历，好不容易提前完成了早上的梳妆打扮，思考剩余的 10 分钟是用来洗衣服还是锻炼，结果在犹豫不决的过程中稀里糊涂地看了电视，最后不禁感叹“哎呀，明明是有时间的”。

如果不事先锁定选项，不仅拖累了大脑，还浪费了时间。

减少选项

我经常把内衣和 T 恤搭配成自己喜欢的同款样式，家居服也总是同款。西服套装也是按顺序整理好，轮换着穿。领带全是百搭的款式，任何一条都能和我的西装搭配。

因为我想尽可能减少选择的机会，不必花费过多的精力进行判断。

关于着装，可以根据星期、天气、上衣来搭配，方法多种多样。

为了不消耗早晨宝贵的精力，一定程度上事先考虑好穿搭，就会节省很多时间。

要 点

我们都知道史蒂夫·乔布斯的着装也是统一的。每天都穿三宅一生的套头衫搭配李维斯 501 牛仔裤，再加上新百伦的运动鞋。他这样搭配的理由包括舒适性、简洁、美观、方便等。毫无疑问，他不愿意在搭配服装上耗费过多精力。

虽然他每天都穿着同样的衣服，但是我们对他却没有任何负面的印象。这件事情也很有趣。

大脑会受刺激支配

此外，想要保持足够的意志力，大脑必须能量充足。**事先安排好固定活动是非常有效的方法。**

围绕大量的选项进行讨论，并且控制自己保持理性、不冲动，会产生巨大的压力。但是，反复进行事先决定好的活动，大脑就会“适应”这种模式，从而节省能量。

也许有人不愿意事先安排固定活动，而是“喜欢根据当天的心情决定要做的事情”。

其实，**我们所感知的“当天的心情”大多是“大脑对刺激做出的反应”**。

例如，你觉得“比起咖啡，今天更想喝碳酸饮料”，其真正的原因可能是打开窗户感受到外面的炎热，身体做出了想要喝冷饮的反应。

有时觉得“今天想要阅读”，只是因为在电车里看到有人在读书而已。

这时候，与其说是“情绪”，不如说是**大脑变成了“刺激的奴隶”**。

如果是休息日，任凭身体去感受这样的刺激也是一件乐事，它有助于激发创造力。但如果一直这样做，在开始工作的时候，仅是处理受到的刺激，就会使大脑疲惫不堪。

所以工作日最好能安排固定活动。

一天能处理的信息不过40条

社会心理学家多利·朱（Dolly Chu）指出，**大脑总是同时使用多项功能进行记忆和处理，所以会偏好“捷径”**。

你是否有这样的感受——在公司度过忙碌的一天，开车回到家里，却想不起来是如何开到家的？

那里是红灯还是绿灯？这些细节完全不记得，只是身体在随意地活动。这段时间给人的感觉就是这样。

或者，打开冰箱去找黄油，觉得哪里都没有，其实它一直在你眼前！你肯定也有这样的经历。

像这样，人脑的处理能力是有极限的。习以为常的行为，在意识的背后以“低电量模式”运行。这就是大脑的“快捷键功能”。

研究显示，**我们的大脑每天必须要处理 1100 万条信息，其中能够有意识地进行处理的只有 40 条。**

所以，会发生“不知不觉做了”“忍不住说出来了”等意想不到的事情。

如果不想用多余的事情来劳烦大脑，最好事先将必要的事情固定下来，保证大脑的能量可以用在重要的事情上。

日常生活留出余地

即使安排好了固定活动，还是会有“偶然”发生。英语里的 serendipity，即“意外的幸运邂逅和发现”，这在日常生活里并不少见。但是，必须在一定程度上留出富余，才能发现它。安排好固定活动，也是为了乐享“偶然”。

心理学家理查德·怀斯曼（Richard Wiseman）做了一个实验，他故意在商店门口掉落一张 5 美元的纸币，来调查运气和偶然性的关系。结果显示，在事先调查中回答“自己运气不错”的人会注意到地上的5美元，而回答“自己运气不佳”的人则注意不到。

无论是关于运气的思考，还是对5美元的注意力，如果没有余力都做不到。

事先安排固定活动还有一个优点，即有助于发现眼前发生的偶然事件的重要性。

而且，即使出现突发事件或者繁忙的工作打乱了生活节奏，**只要事先安排好了固定活动，就会充满安全感，相信很快就能恢复正常**。

代替开关

另外，还可以把固定活动作为开启工作的“开关”，当作一种切换信号。就像“喝了咖啡，就鼓足干劲开始吧”一样，有的人会在无意识的状态下利用固定活动。

运动员当中也有这样的人。例如，棒球选手会事先想好进入击球区之前的动作，决定比赛前要吃的食物等。掌控自己的办法，自然是知道得越多用处越大。

规定早晨的固定活动

早晨起床到离开家门之前，或者到开始工作之前，你大概需要多少分钟？

在此期间决定的事情越多，大脑的能量值就越低，所以最好事先安排好早晨的固定活动，尽量节省能量。

早晨必做的3件事

迎接一天的开始，应该优先完成以下 3 件事。

- 活动身体，鼓足干劲。
- 通过冥想和深呼吸唤醒大脑。
- 确认当天的日程安排。

此外，如果还有能够提升动力的行为，不妨为自己量身打造。

顺便说一句，在适应固定活动之前，起床之后不要着急去想“今天也要努力安排好固定活动啊”，而是根据放在床头的

“固定活动记录”有条不紊地进行，这样会更加轻松地养成习惯。

记录固定项目

笔记写得细致一些并没有坏处。我一开始做的笔记，就非常详尽。

- ☐ 喝一杯水
- ☐ 洗脸之后换上运动服
- ☐ 用手机播放音频，戴上耳机
- ☐ 带上钥匙和装有换洗衣服、蛋白粉的背包
- ☐ 穿鞋出门，打开音频文件

- ☐ 慢跑到健身房
- ☐ 只听能令人心情愉悦的音频
- ☐ 回家后，烧水冲咖啡
- ☐ 把衣服放进洗衣机，洗澡
- ☐ 换好衣服，冥想10～20分钟
- ☐ 冲好咖啡，打开笔记本，安排今天的日程

完成所有事项需要90分钟。我准备了特别细致的笔记，

所以完全不用思考，只需一边看着笔记一边行动。

所有事情完成之后，能量充足、大脑清醒，正好可以迎接最重要的工作。

打造有利于执行固定活动的环境

顺便告诉大家，我会在洗脸池旁收纳运动服和内衣。这是为了方便早晨起床、洗脸之后脱下睡衣，能立刻换上去健身房的衣服。然后从健身房回来冲澡之后，又能立刻在这里穿上内衣。**尽量简化流程，提升速度，避免影响固定活动。**

伦敦大学的研究表明，像这种新的固定活动，如果连续挑战 66 天就能形成习惯。根据我个人的观察，**在坚持 7 天之后，就能意识到“原来我也可以做到”，动力会进一步提升。**

要 点

我的固定活动从早晨 5 点开始。为此，我把闹钟设定在 4 点 58 分。起床之后喝水、洗脸、换好训练用的衣服之后，刚好是 5 点。

我是在保证 5 点准时做到“好了，该开始了”的情况下，安排起床时间的。这也是让早晨充满干劲的一种办法。2 分钟已经不算短了，再加上一想到“一定要在 5 点之前把脸洗干净”就干劲十足。建议你一定要尝试一下。

控制脑内激素

闹钟的暂停功能对大脑并不友好。

醒了又睡，然后再醒，仅仅是反复这个过程，大脑就会消耗能量。

“醒了就起”不仅会提高思考能力，还有助于增强自信，甚至改变人的性格。

如果起床之后能立刻开始各项活动，这一天都会过得很有意义，充满幸福感。当我能做到“醒了就起”之后，日常生活都发生了变化。在这里，跟大家分享一个不依赖闹钟的技巧。

控制大脑激素

首先，你要知道，早晨起不来的原因只是单纯的“大脑激素”问题。不是因为你不够努力或者懒惰，**仅仅是因为大脑不分泌“加速苏醒的激素”**。

因此，“一旦醒了就不再犯困”的日子是不会到来的。但是要意识到“虽然困，这只是激素水平的问题，5 分钟之后就不困了”。接下来，我们冷静地做一些能促使苏醒激素分泌的事情。

方法 1：在卧室外面放置闹钟

人会通过“视觉信息”决定将要采取的“行动”，这种思维方式叫作“给养理论”。该理论是由美国心理学家 J.J. 吉布森（J.J.Gibson）提出的，它用于设计认知心理学中的概念，认为事物和环境会对人的行为造成影响。

例如，车站的垃圾箱如果只放置两个分别写着“可燃垃圾”和“易拉罐 · 饮料瓶”的垃圾箱，人们扔垃圾时，很难进行分类。但是，如果在扔易拉罐和饮料瓶的垃圾箱上开一个“圆洞”，自然就会促使大家把易拉罐和饮料瓶扔进有圆洞的垃圾箱里。

如果有手机，我们就会看。如果有点心，我们就会把它放进嘴里。如果有漫画，我们就会去翻阅。人就是这样的。

但是，物品的设计也会改变我们的行为。你不觉得吗？如果能适用于自己，那么我们不必使用意志力也能采取最适当的行动。

同样地，把闹钟放到走廊上，为了关掉它，你从房间里出来的时候会看到走廊和客厅，大脑就会开始思考其他事情，而不是惦记着睡回笼觉。“啊，今天是扔垃圾的日子”“应该在开会的时候说些什么”，等等。如此一来，注意力就从“躺回床上”转移到其他事情上。说不定，把工作用的资料放在闹钟旁边也是一个好主意。

确认

斯坦福大学曾经做过一个著名的“棉花糖实验”，来调查自制力和社会成功之间的关系。

在4岁儿童面前放置棉花糖，告诉孩子“如果在我回来之前能忍住不吃棉花糖，就再奖励你一颗”，然后让孩子独处15分钟。

结果发现，能够忍住不吃眼前的棉花糖、最终得到两颗糖的孩子，是那些蒙上眼睛或者看向别处来“转移注意力”的孩子。相反，一直盯着棉花糖看的孩子，就算能勉强坚持一段时间，最后也会忍不住吃掉棉花糖。

方法2：看向阳光照射的地方

起床之后，尽快朝阳光照射的地方看10秒，也是有效的（不要直视太阳）。

研究血清素的最高权威有田秀穗表示，眼睛一旦感知到阳光，大脑就开始分泌“促进苏醒的激素”。因此，**睁大眼睛看着阳光倒数10个数，就会发现大脑在逐渐清醒**。促进苏醒的激素分泌出来之后，就开始变得充满干劲了。

方法 3：活动身体

起床之后花 5 分钟活动身体。当身体活动开来，大脑逐渐苏醒，就会开启“行动”的开关。

畅销书《运动改造大脑》的作者约翰·瑞迪（John Ratey）博士指出，进行体育锻炼会分泌促进生长的物质（BDNF，脑源性神经营养因子）、去甲肾上腺素（有助于保持专注的物质）、多巴胺，能够迅速提升人的意愿。

很多人认为“因为充满干劲，所以能够进行锻炼”，其实相反，**“正因为锻炼了，所以才充满干劲”**。

起床后最适合身体的轻微活动是拉伸。拉伸紧缩的肌肉，改善血液循环。

我一般会保持睡觉的姿势，双手在头顶交叉，拉伸全身。有意识地将双手向上、双脚向下伸展，保持 10 秒，舒展全身。

拉伸全身之后，下床原地跳跃 30 次。**跳跃是非常好的有氧运动。**呼吸新鲜的氧气既能让大脑充满活力、促进血液循环，还能升高体温，让身体苏醒。

增加睡回笼觉的难度

方法 4：整理床铺

就算起床很艰难，为了让自己觉得躺回床上更麻烦，起床之后立刻整理床铺也是一个方法。一看到平整的床单，蓬松的枕头，应该就不想再把它们弄得皱皱巴巴了。

当意识到“都特意做到这一步了，再躺回去多麻烦啊”时，你就赢了。搭配喜欢的床罩，让眼睛得到满足，效果会更加理想。介意潮气的人，可以把被子叠起来。

方法 5：组队开展早晨的活动

和朋友、熟人一起组队完成早晨的活动吧。一起在约定的时间起床，在社交软件上互通消息。意识到大家在一起努力，会更有干劲，也不容易当逃兵。要建立一种互相监督的机制。

改变你的心态

方法 6：在早晨创造幸福的瞬间

在早晨打造幸福时光也很有效。例如，播放喜欢的音乐，品尝爱喝的饮品。

一边欣赏旭日东升，一边品尝放了椰子油的咖啡，是我在早晨的一大乐趣。感受点点滴滴的幸福。在其他时段，即使做相同的事情也难以感受同样的心情，所以果断放弃睡回笼觉。

方法 7：大声说出“心情真好”

和“正确的事情”相比，大脑会优先“快乐的事情”。

也许那些早晨醒来不能立刻活动的人们，即使内心明白起床活动是“正确的事情”，却没有让自己的大脑意识到“这是令人心情愉悦的事情”。

为了让大脑学会这一点，需要在“心情愉悦的时刻”夸张地表现出“心情很好”。

早晨，打开窗户感受到外面的气息，说着“空气清新，心情真好”；晨跑之后感叹“真痛快”；喝着咖啡，感叹“好幸福啊”。像这样用心地向大脑输入信息。

你是不是经常做着相反的事情呢？

如果嘴里嘟囔着“不行啊”“好难啊”，就会让大脑记住“这是令人不快的行为”。

通过发出声音，还能让大脑形成“早起很好”的正面意识。于是，大脑就会逐渐喜欢上清晨。

即使这样还不能改正

即使这样还不能改正睡懒觉的习惯，那么最后由我来分享一个强制起床的办法。

哥伦比亚大学商学院的希娜·艾扬格（Sheena Iyengar）在《选择的科学》一书中提到一个方法——每按一次闹钟就捐款一次，曾经引起热议。

具体做法是，使用“贪睡闹钟”，每当按下闹钟暂停键（贪睡按钮）时，就会接通事先注册的银行账户，通过网络自动向事先选择的慈善机构捐款。

厂家推荐，如果事先登录自己不想支持的慈善机构，效果会更加显著。看上去的确很管用。

我试着去找，发现 iPhone 的应用软件中有类似的东西。

推 荐

推荐的应用软件

SnoozeJar 每月通知按下暂停键的次数，并建议你在次数乘以设定金额的基础上进行投资或者捐赠。其实并不会真正汇款，所以大可放心。不过这样一来，感觉不如“贪睡闹钟”效果显著。

另外，和刚才的应用软件不同，《选择的科学》一书中介绍的网站“https://www.stickk.com”依然能访问。

这是由耶鲁大学经济学教授迪恩·卡兰（Dean Karlan）和同事一起建立的网站，是一个签约系统。如果用户没能达成目标，就要向约定的对象和机构捐赠一定金额。

契约一旦签订，就不能毁约。如果不能实现目标，就会汇款。因为和暂停键无关，所以有很多人用来瘦身、戒酒等。如果无论如何都无法起床，可以尝试一下，或许还挺有意思。

晨练20分钟

晨练最适合激活大脑，让全天充满干劲。

活动全身的肌肉，给大脑输送氧气吧。

让大脑充满活力的运动

医学博士安德斯·汉森（Anders Hansen）曾说过，激活大脑需要 20 分钟以上的有氧运动。

引 用

跑步比走路好。给身体施加的负荷越大，大脑分泌的多巴胺和去甲肾上腺素（保持注意力的物质）就越多。理想心率是最大心率（220 减去年龄）的 70% ~ 75%。运动最好在早晨进行。如果想要提高注意力，最好早一些，至少在上午进行，之后一段时间会持续有效……如果可能，坚持30分钟。至少保证20分钟。

——安德斯·汉森[1]

我建议把锻炼列入每天早晨的固定活动。尽量做到每周锻炼5天以上。顺便介绍一下，我推荐的锻炼方式是以下两种。

- 慢跑20分钟。
- 慢跑15分钟+力量训练30分钟（不同部位）+慢跑15分钟。

这种程度的运动，既不会让人感到疲劳，还能激发能量。

特别提示

我在成田机场的希尔顿酒店做研究的时候，很惊讶地发现，早晨8点几乎没有人去酒店的健身房。但是如果在早晨5点半至6点之间去健身房，就会看到很多外国人在跑步。锻炼的人之多，几乎没有空闲的跑步机。

因为是成田机场附近的酒店，所以并不确定他们是飞行员还是游客。身在国外，还特意携带了运动服和跑步鞋，可见对于他们来说，晨练已经成为重要的生活习惯。

我经常关注的一点就是**“训练之后比训练之前精神更加饱满”**。

训练的目的是“激活大脑，确保大脑和身体能够持续、高

① 出自安德斯·汉森《一流的头脑》，日文版由美子翻译，Sunmark出版社出版。

质量地工作”，所以锻炼身体本身并不是目的。归根结底，希望你不要忘记“心情舒畅”的感觉。

想要锻炼身体的话，就不要选择早晨。在吃过午饭 1 ~ 2 小时之后，身体充满能量的下午 3 ~ 4 点比较合适。晨练的目的是激活大脑。

另外，如果锻炼之后筋疲力尽，则证明运动过量了。我也有过这样的体验，一开始花了 1 个多小时拼命运动，回家之后睡意浓浓，沉睡不起。

只要观察一下早晨的健身房就不难发现，**几乎所有人活动20分钟左右就迅速离开了。**因为想在上班之前活动身体来提升自我表现的人，都知道运动时间大概在 20 ~ 30 分钟以内效果最佳。

通过运动减轻压力

之前提到过运动有助于激活大脑，其实**不仅有利于大脑，还有助于改善我们的精神状态。**

研究结果表明，“抗抑郁药物”和“有氧运动”相比，运动治疗抑郁症的效果更显著。

杜克大学进行了一项大规模的研究，将 156 名抑郁症患者分成 3 组，分别进行“抗抑郁药物治疗”“运动治疗”“药物加运动治疗”，然后调查各自的疗效（“运动治疗”小组每周进行 3 次 30 分钟的健走或者慢跑，强度在 70% 以上）。

结果显示，所有小组的抑郁症状都有大幅改善，但是有意思的是接下来的变化。半年后的追踪调查表明，**“运动治疗”小组的患者比“抗抑郁药物治疗”的小组症状改善更多**。可见运动具有长期效果。

抑郁症和神经性疾病都能够通过运动得到大幅改善

1990 年发现的脑内物质 BDNF（脑源性神经营养因子）能够保护大脑免受被称作压力激素的皮质醇攻击。抑郁症患者的皮质醇增多，而 BDNF 会减少。通过服用抗抑郁药物，让 BDNF 恢复正常值。

运动可以带来相同的效果，而且和药物相比，能保持长期有效。

另外，有氧运动令大脑增加神经细胞，消除压力和不安，不容易患抑郁症和神经性疾病，让人更加善于与他人交往。

不同于药物，运动没有副作用，只是跑步的话，也不需要花钱。这简直是最好的健身方法，让人没有理由拒绝。希望你养成习惯，每天都能运动。

好好度过夜晚的时光来提升一天的满意度

利用睡觉前的时间安排固定活动，其效果与早晨是一样的，虽然意义不同。因为睡前做的事情会影响睡眠的质量，直接关系到第二天的心情和身体状况。

而且这个时间段意志力薄弱，容易受到诱惑，所以将应该做的事情固定下来就能确保睡眠时间。

为了明天，过好晚上

睡觉前必须要做的事情就是让大脑放松，加快自然入睡。人有一个特点，如果做自己不习惯的事情，交感神经就容易兴奋。

因此，在睡觉的时候，不能让副交感神经处于优势地位，所以不宜安排容易紧张、需要干劲的活动。

进行习以为常的固定活动，大脑自然会得到放松。

打造翌日早晨的"理想状态"

睡前活动直接关系到第二天早晨的状态。为此，**"保证第二天早晨能够迅速进入工作状态是很重要的"**。我的做法是，先把"保持桌面整洁"列入晚上的固定活动安排。

早晨好不容易完成固定活动，充满了电，如果再从收拾整理开始，就会把意志力浪费在琐碎的事情上，所以最理想的情况是坐下来之后就能直接进入工作状态。

当然，每个人情况都不同。有的人要熨烫制服，有的人要拟定 To-Do 清单。想象一下第二天早晨起床之后自己的理想状态，思考应该进行的固定活动。对我来说，整理桌面的时间也是回顾当天的时间。

阅读习惯好处多多

此外，睡觉之前一定不要放弃阅读。

大家熟知的阅读爱好者比尔·盖茨，据说他在睡觉之前一定会花 1 个小时阅读。

阅读会收获知识是毋庸置疑的，阅读还有缓解压力、增强记忆力的效果。

2009 年埃塞克斯大学的研究显示，**即使一天只阅读 6 分钟，也能缓解压力，最大能减少 68% 的压力**。而且，英国的研究报告指出，具有阅读习惯的人随着年龄的增长，认知功能的衰退平均减少了 32%。

也就是说，阅读对于提升脑力和减轻压力都有极大的益处。

远离与工作和刺激有直接联系的手机、电脑，拿起书本是最佳的睡前习惯。

把手机放到别的房间

新闻网站《赫芬顿邮报》（*The Huffington Post*）的创办人阿里安娜·赫芬顿[①]的做法是，**为了不干扰睡眠，在睡觉前把手机放到其他房间里。**Facebook 的 COO 雪莉·桑德伯格[②]也说过类似的话。因为她们都是互联网公司的管理层，可见智能手机的确会影响睡眠。

哈佛大学的睡眠医学教授查尔斯·蔡斯勒博士（Charles Czeisler）说过，智能手机屏幕发出的光线（蓝光）会让大脑误以为是白天，干扰大脑顺利进入睡眠状态。因此，我也尽量不把手机拿到卧室去。

特别提示

国外的成功人士，有人通过深夜散步、冥想来减轻一天的压力。去尝试寻找适合自己的夜间固定活动，也是一件快乐的事情。

顺便说一句，我在晚上散步时，大脑就会浮现出一个个新的创意，变得兴奋起来，所以我一般不在晚上散步。

---

① 阿里安娜·赫芬顿（Arianna Huffington），美国政治博客Huffington Post共同创始人。与媒体执行官肯尼斯·勒雷组成搭档，筹集400万美元创建《赫芬顿邮报》网站。

② 雪莉·桑德伯格（Sheryl Sandberg），曾任克林顿政府财政部长办公厅主任、谷歌全球在线销售和运营部门副总裁。现任Facebook首席运营官，被媒体称为“Facebook的第一夫人”。

回想一些好的事情，表达谢意

我还有一个习惯，躺下来之后回想一天之内发生的好事，怀着感恩的心情进入梦乡。

积极心理学的研究证实，**仅仅是怀着感恩之心，大脑就会分泌血清素和多巴胺等激素，不仅令人心情愉快，还能提升幸福感**。

我们通过感恩提高自尊心，增强免疫系统。从结果来看，对人际关系也会产生积极影响。

而且，养成感恩的习惯，会增强大脑内部感恩的回路，还能持续地提高幸福感。

感激的对象可以是他人、自己、大自然，可以是任何对象。当然，如果能够亲口向对方表达谢意，效果会十分惊人。记录“感谢笔记”也很有意义。

但是，如果觉得做到这个程度难度太高，在心中默默感谢也是可以的。

自己感觉到“在生活中得到他人或者某物的支持”，是非常重要的。

那么从今天开始，就可以在睡觉前尝试一下。或许会让你心平气和地进入梦乡。

特别提示

难以入睡的时候，记得要好好泡澡。淋浴只能温暖身体的表面，泡在浴缸里可以让身体内部慢慢变得温暖。

《斯坦福高效睡眠法》的作者——斯坦福大学西野精治教授提出，如果在40℃的热水里泡15分钟温暖身体内部，等到体温缓缓下降就能自然入睡。为了保证优质的睡眠，必须要让身体内部的温度下降。西野教授建议，一定要在入睡前90分钟结束泡澡，这样就能合理控制体温。

利用饮食和运动掌控大脑

想让大脑全天高效工作，需要事先掌握不同时段与大脑能量水平的关联性。

意志力上升和降低的时间

大脑表现处于上升期的时段，包括以下几种：

- 刚起床的时候。
- 稍微空腹的状态。
- 运动刚刚结束的时候。

也就是说，如果在满足上述 3 个条件的时段安排重要的任务，就能有效地展开工作。反之，意志力低下情况有：

- 摄入含有大量碳水化合物和添加剂的饮食之后。
- 傍晚。

这两个时段，大脑反应迟钝，意志力低下，难以抵挡诱惑。

所以，想要全天保持高效工作，从科学的角度来看，综合考虑饮食和运动是比较正确的做法。下面依次进行分析。

利用饮食激活大脑

脑科学家丹尼尔·亚蒙（Daniel Amen）拥有超过 3 万张大脑图像数据库。他在《健康脑》一书中推荐了 5 个要点。

增加饮水量

大脑组织约 80% 是水分，所以最重要的做法是给予适量的水分，让大脑保持水润状态。即使是轻微的脱水症状，也会促进压力激素的分泌，所以要在喉咙感到干渴之前，有意识地补充水分。

控制摄入的热量

有一种说法是瘦身和卡路里无关。但是就大脑而言，多项研究表明**控制热量的饮食生活有利于大脑活动，而且有助于长寿。**

有意识地减少饮食，会让神经生长因子的分泌更加旺盛，给大脑带来积极的影响。为了大脑，适当考虑一下摄入的热量吧。

摄入鱼类和鱼油

鱼类含有 OMEGA-3 脂肪酸 DHA，是构成灰白质的主要成分。其与学习、记忆、运动技能、语言、解决问题等能力直接相关。为此，**摄入富含 DHA 的食物，会让人情绪稳定，心情开朗**。想要维持动力，心情的作用必不可少，所以要尽量在食物中多摄取。

摄取食物中的抗氧化物质

通过饮食摄取水果、蔬菜中的抗氧化物质，可以有效抑制自由基的分泌。

西红柿、水果（尤其是柑橘类）、圆白菜、绿色蔬菜等抗氧化物质含量较高，所以要有意识地摄入这些蔬果。而且，和营养剂相比，来自天然食材的抗氧化物质效果更好。

摄入 GI 值较低的碳水化合物

身体中最需要葡萄糖的是大脑，所以**要让大脑正常工作，必须摄入碳水化合物**。

但是，如果摄入过量的碳水化合物，胰腺会分泌大量胰岛素，去降低血糖。这样一来，血糖急剧下降，葡萄糖就无法供应给大脑。要保证大脑正常运转，并不是单纯地摄入大量碳水化合物,必须**要有战略性地摄入能保持血糖稳定的碳水化合物**。

如果摄入 GI 值（摄入之后，衡量血糖上升速度的指标）较低的碳水化合物，血糖就不会迅速上升或者下降，大脑整天都可以保持稳定的状态。

在连续解答难题、意志力下降的时候，相比喝“无糖饮料”的人，喝“含糖饮料”的人恢复意志力的情况更明显。实际上，**摄入 GI 值高的食物，虽然短时间内可以让大脑恢复，但是这**

种效果很快会消失。

低碳瘦身（控糖饮食）曾经流行一时，但是即使从瘦身的角度来看，摄入低GI值的食物远比控制碳水化合物重要。

要 点

不难发现，“瘦身”“保持大脑活力”“美容”几乎是同一种机制。“对大脑有益的饮食＝有利于美容和健康”，所以是一举三得啊！

利用心率控制能量水平

白天，当能量水平下降的时候，轻微的运动比较有效。

日本卡耐基培训学校（Dale Carnegie Training Japan）的董事长格雷格·斯多利（Greg Story）博士推荐每个小时都要活动身体，也就是提高心率。

提高心率，能够给大脑输送更多的氧气和营养。

前文引用的《运动改造大脑》总结了大脑与锻炼相关性的划时代研究成果，介绍了2007年进行的一项有趣实验。实验将40名50～64岁的成年人分为两组。一组在跑步机上运动35分钟，心率保持在最大心率的60%～70%。而另一组则是看电影。然后请两组人员分别在运动和看电影前后回答问题，测试其认知的灵活性。

结果，跑步小组的答题速度和认知灵活性比跑步前有所提升。而看电影小组，在观影前后认知灵活性没有明显变化。

也就是说，**任何年龄的人群，都可以通过运动增加大脑的灵活性。**

引 用

认知灵活性是一种很重要的执行功能，它反映出我们改变想法的能力以及源源不断地产生创造性思维和答案的能力，而不是照搬常见的回答。在一些要求高智商的工作中，这种特性与高效率有关系。所以，如果你计划某天下午参加一次需要集思广益的重要会议，那么在午饭时间来一次快速短跑无疑是个妙招。

——约翰·瑞迪、埃里克·哈格曼[①]

停止久坐

澳大利亚的内维尔·欧文（Neville Owen）博士强调，日本人每天坐着的时间之长，排在世界第一。世界平均水平是每天5个小时，而日本人是每天7个小时。

久坐容易导致血液循环和代谢不良，这会增加患心绞痛、心肌梗死、脑梗死、糖尿病的风险。从大脑的活动来看，容易导致记忆力低下和注意力不集中，所以要定期活动身体，提高心率。

要想提高心率，需要活动大块的肌肉。身体中体积最大的

---

① 出自约翰·瑞迪、埃里克·哈格曼所著《运动改造大脑》，浦溶译，浙江人民出版社出版。日文版由野中香子翻译，NHK出版社出版。

肌肉，依次是大腿和臀部这两个部位。

所以定期活动这两个部位更有效率(即使努力活动小肌肉，也不会影响心率）。

也就是说，**最有效的动作是“深蹲”**。

也许有人认为“本来就累得要命，哪里还能做深蹲啊”。你不妨试试，就会发现“怎么回事？刚才的疲劳感不见了”。因为血液循环加快，大脑被唤醒了。

最好的做法是，每次去卫生间的时候，**在隔间里做20个深蹲，渐渐就能养成习惯了**。

要 点

深蹲不仅健脑，还有利于瘦身。有锻炼习惯的人经常说“想拥有块状腹肌，就练深蹲吧”。为什么呢？是因为腹肌本来就有6块，只是上面覆盖着脂肪。换句话说，只要消耗脂肪，自然就能看见成块的腹肌。腹部运动消耗的能量比较少，所以用大块肌肉消耗大量能量的深蹲效率更高。

午睡可以避免拖延

当大脑感到疲惫或犯困的时候，通过午睡就能让大脑恢复。

根据血糖值进行活动

据说英国前首相温斯顿·丘吉尔每天中午有1个小时的午休时间，在这期间他会换上睡衣午睡。

引用

午餐和晚餐之间必须要睡一觉，而且不能半途而废。脱掉外衣，钻进被窝。我经常是这样做的。不能认为白天睡觉，工作量就少了。那是缺乏想象力的人的愚蠢想法。休息一会儿会完成更多。一天能完成两天的，至少也是一天半的工作量。

——阿里安娜·赫芬顿[①]

① 出自阿里安娜·赫芬顿所著的《睡眠革命》（*The Sleep Revolution*），日文版由本间德子翻译，日经BP出版社出版。

吃过午饭之后，血糖会升高，所以大脑容易犯困。即使醒着，也发挥不了作用。这时候，不妨好好睡一觉，这也不失为一种办法。

哈佛大学医学院提出，虽然随着年龄增长，夜间保持连续睡眠会越来越困难。但是**午睡可以补充整体的睡眠时间，有助于提高认知功能。**

不宜午睡的情况

虽然如此，午睡并不是解决所有问题的理想方式。在这里要介绍一下午睡的注意事项。

- 避免在 12 ~ 15 点以外的时间午睡。
- 午睡控制在 15 ~ 20 分钟。
- 避免在进行需要高度集中注意力的工作前午睡。

避免下午较晚时段和时间过长的午睡

15 点之后的午睡会影响夜间的睡眠。这个时间点睡觉，不利于晚上入睡。所以如果在 15 点之后感到疲倦，最好通过活动身体来转移注意力，晚上尽早入睡。

另外，入睡 30 分钟之后会进入深度睡眠，所以最好避免超过 20 分钟的长时间午睡。一旦进入深度睡眠，就算勉强挣扎着起床，也会感到困倦和疲惫，脑子浑浑噩噩。午睡之后起床也很痛苦，因此控制好时间是非常重要的，既要保证大脑得到休息，还要能够干脆利落地起床。

据说即使不睡午觉，闭目养神静坐 10 分钟左右也是有效果的。

避免在驾驶之前午睡

从午睡中醒来，并不会快速清醒。“惯性法则”也会作用于大脑。在进行驾驶等需要高度集中注意力的工作之前，最好避免午睡。

避免上述情况，恰到好处的午睡，对于缓解大脑疲劳、提高大脑活力有着切实的效果。尽量合理安排，不给自己的生活带来负面影响。

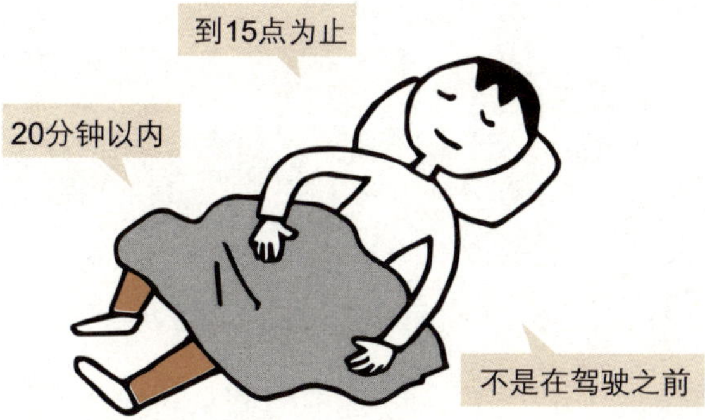

特别提示

专门从事睡眠研究的内村直尚（久留米大学医学部神经精神医学讲座教授）介绍，福冈县立高中是全县屈指可数的升学名校，从 2005 年开始，在下午上课之前安排了 15 分钟的午休时间，坚持了半年以上。结果学生的高考成绩有了飞跃性的进步。

问卷调查显示，在每周午睡3次的学生当中，有人回答：下午难以抵抗的困倦变少了，头脑清醒，能够专注于学习，而且成绩提高了，身体状况也改善了。

甚至有76%的同学回答“切实感受到了”午睡的效果，高达83%的同学认为“午休是很有必要的”。

对于多数人来说，确保连续8小时的睡眠可能并不容易。但是合理安排午睡时间，确实能在各个方面提升效果。

14点之后不摄入咖啡因

虽然我个人认为激活大脑未必需要咖啡因，但是不少人有喝咖啡、喝茶的习惯，所以我们一起来思考一下有效摄取咖啡因的方法。

咖啡因不能消除疲劳

咖啡因的确有提高注意力的作用。它作用于大脑，增强注意力，让我们不容易感到疲劳。同时增加肾上腺素，让我们保持清醒的状态。

《时间术大全》的作者杰克·纳普（Jake Knapp）和约翰·泽拉茨基（John Zeratsky）提出，咖啡因的分子构造和导致“困倦”“诱发疲惫感”的物质相似，**所以能够欺骗大脑，暂时控制疲惫感。**

正因为如此，在感觉疲惫“之后”摄取咖啡因就来不及了，必须在“之前”喝才有意义。正是在“感到疲惫之前”喝，才能够欺骗大脑。也就是说，**要保持稳定发挥，饮用咖啡的时机非常重要。**

刚睡醒不要立刻喝咖啡

上面两位作者推荐的是**起床之后 3 小时左右开始喝第一杯咖啡。**

早晨无须饮用咖啡，大脑也会分泌有清醒作用的激素（皮质醇），所以此时喝咖啡意义不大，等到苏醒激素的作用减弱之后，开始喝第一杯。

14 ~ 15 点之后不摄入咖啡因

接下来要提醒咖啡爱好者注意的是，下午稍晚时候不喝咖啡。咖啡因的半衰期是 5 ~ 6 个小时。也就是说，如果 14 点摄入咖啡因，到了 19 ~ 20 点血液中的浓度就会减半。**如果 16 点以后喝咖啡，干扰睡眠的可能性就很大。**

在 14 ~ 15 点的时候，我们可以通过其他饮料来振奋精神。

顺便介绍一下，我经常饮用碳酸饮料。用它来滋润喉咙，会得到和咖啡不一样的爽快感觉，也能够让精神为之一振。当然考虑到血糖，我推荐不含糖的碳酸饮料。

饮用绿茶，缓慢摄入咖啡因

我建议不习惯喝咖啡的人试试绿茶。**绿茶中所含的咖啡因浓度低于咖啡，可以稳定地摄入少量咖啡因。**

虽然浓咖啡会让血液中的咖啡因含量急剧变化，但是也许有些人的体质更适合喝浓绿茶。

特别提示

顺便介绍一下，有研究表明摄入咖啡因之后再运动，有助于增强脂肪燃烧的效果。咖啡因能促进中性脂肪的分解。它还能分泌运动后让人情绪高涨的内啡肽，提高身体机能。

咖啡因效果最明显的时候是在饮用后45分钟。超过45分钟以后，身体开始分解咖啡因，作用逐渐减弱。也就是说，在喝完咖啡30～45分钟之后开始力量训练，可以最大限度地发挥咖啡因的作用。

但是，美国的“梅奥诊所”敲响警钟，提醒我们每天的咖啡因摄入量不要超过400mg，相当于4杯热咖啡所包含的量。在熬夜工作时经常服用的功能性饮料中，也含有较多的咖啡因。一定要仔细阅读标签上的说明，注意含量。留心不要过量摄入咖啡因，学会跟咖啡因“友好相处”。

别让大脑闲下来

本来很专注地在工作，一不注意就在做其他事情或者开始浏览网页，原因之一就是“大脑觉得无聊”。

换句话说，我们可以通过营造不让大脑厌倦的环境来提高效率。

越聪明的人好奇心越旺盛

大脑不喜欢空闲。尤其是智能手机不离手的我们，被欲望驱使着，稍微有点闲暇就忍不住想看手机。

在地铁里环顾车厢，会发现几乎所有人都在看手机。甚至还有人在等红绿灯的间隙，也要看一下手机。**大脑讨厌闲暇，哪怕是几秒钟都不愿意。**

不过，众所周知，聪明人的好奇心很强。好奇心绝不是什么坏事。在这里，我们来学习如何在不扼杀好奇心的情况下操纵大脑。

特别提示

我们的大脑充满了好奇，时常寻求新的信息。乔治梅森大学教授托德·卡什丹（Todd Kashdan）在对1795名儿童的好奇心进行调查之后，发现好奇心越强的儿童，获得知识的能力越强。

而且，托德·卡什丹还对2000多名60～86岁的老人进行了长达5年的调查，发现好奇心旺盛的人更长寿。

准备好给自己的奖励

大脑感到无聊是因为**长时间从事相同的工作，从而感到厌倦。**为此，要想不厌其烦地坚持工作，最好给自己准备一份奖励。

鲍灵格林州立大学的杰克·潘科瑟普（Jack Punksep）和同事进行了一项研究，结果表明，**相比“获得奖励的时候”，大脑在“期待获得奖励的时候”分泌的能鼓舞精神的多巴胺更多。**

如果有令人期待的计划，整整一天都会能量爆表。你有这种感觉吗？郊游的前一天晚上，孩子们兴奋得睡不着觉，出于“对报酬的期待”，分泌出多巴胺。

利用这一点，事先为自己准备好奖励，效果会非常好。

“如果今天能早于截止日期完成任务，就去看那部早就想看的电影”，我会设定近期去看电影作为奖励，来鼓舞士气。根据个人爱好，褒奖可以是点心，也可以是漫画，或者外出。

用俄罗斯方块来锻炼大脑

调节心情的时候，玩一玩俄罗斯方块，也可以让大脑不感到厌倦。**俄罗斯方块有利于增强大脑活力。**牛津大学的研究显示，俄罗斯方块能够**增厚大脑皮层。**而大脑皮层在记忆、注意力、视觉认知、思维、语言、意识等方面发挥着重要作用。将连续 3 个月、每天玩 30 分钟俄罗斯方块的人分成一组，不玩的分成一组，对比之后发现，他们的大脑皮层有明显的差异。

利用无聊

大脑厌恶无聊，即使处于什么事情都不做的状态，也会开始胡思乱想。冥想之所以困难，就是因为大脑有自动思考的模式。

但是，大脑的自动思考模式（默认模式网络）能够为人们带来创造性。

心理学家斯科特 · 巴里 · 考夫曼（Scott Barry Kaufman）著有关于创造性思考的著作，他强调**大脑在这个默认模式网络**

的时间里组织记忆和信息，所以很容易连接各种信息并产生新的灵感。我们听说某人在淋浴的时候迸发新创意的逸事，就是这个原因。

他的研究还表明，全世界72%的人都有在洗澡的时候产生新创意的经历（据说这项研究是和全世界市场占有率最高的花洒厂商汉斯格雅联合进行的，这的确是一个惊人的数字）。

特意留出一段什么事情都不用做的时间，让你的大脑进入默认模式网络。有的时候享受这样的时间，也有利于提高创造性。

优质睡眠可以维持专注力

很多现代人都睡眠不足。如果没有充足的睡眠，注意力、判断能力、记忆力等所有机能都会出现大幅下降。使用老鼠进行实验的结果显示，连续 3 天，每天只睡 4 ~ 5 个小时，会损失 25% 的注意力细胞。也就是说，生物持续出现睡眠不足的情况，大脑会变得愚钝。

7个小时以上的睡眠

National Sleep Foundation（美国睡眠基金会）推荐 26 ~ 64 岁的成年人每天保证 7 ~ 9 个小时的睡眠。

睡眠还是释放压力、修复受伤细胞的关键时期。

我们都有这样的感受，即使发生了不愉快的事情，睡一觉起来就会感觉神清气爽。这是因为在睡眠的过程中，记忆得到整理，压力被排遣出去了。

可以说，幸福的人生一定伴随着优质的睡眠。

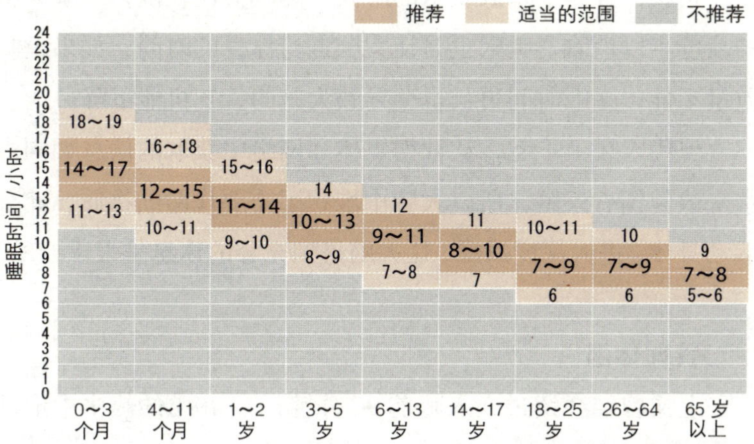

摘自 National Sleep Foundation（美国睡眠基金会）

保证优质睡眠的4条法则

虽然确保睡眠时间是日程安排的一部分，但是睡眠质量也很重要。在提升睡眠质量方面，以下几点需要注意。

- 让身体感到疲惫。
- 管理好从泡澡到入睡之间的体温。
- 避免蓝光。
- 入睡前 4 小时不吃东西。

身体疲惫会提升睡眠质量

身体感到疲惫的时候，睡眠会很深沉。贝拉明大学和俄勒冈州立大学的共同研究发现，**定期运动被认为是改善睡眠的非药物疗法**。

相反，身体不怎么疲惫的时候，睡眠会比较浅，结果大脑的疲倦难以消除。睡眠也是让大脑进行休息的时间，如果睡眠质量不佳，睡眠时间再长也会导致大脑的认知机能下降。

现代人久坐不起，从社交媒体和网络中获取的信息如同洪水一般包围着大脑，所以大脑中堆积了需要代谢的物质。充分活动身体，进入深度睡眠，让大脑得到充分的休息是很重要的。

管理体温

上文曾经介绍过，入睡前 90 分钟，在 40℃的热水中泡澡有助于入睡。卧室的温度对于提升睡眠质量也有着重要作用。

法国里尔大学医院的研究发现，最适合睡觉的室温是 16 ~ 19℃。睡觉的时候，随着体温下降，向大脑传送睡眠信号进入睡眠状态。所以如果室温偏高或者穿着厚睡衣，都会妨碍你进入深度睡眠。

避免蓝光照射

智能手机和电脑的蓝光，会抑制睡眠物质褪黑素的分泌。前面也介绍过，睡觉的时候，尽量不要把手机和电脑带进卧室。此外，至少在入睡前的 2 小时停止注视屏幕，改为阅读书籍。

睡觉前 4 个小时之内不吃东西

我一般在晚上 8 点之后不再进食。进食会妨碍睡眠中必需的生长激素的分泌。想要通过熟睡休养身心，需要让身体完成消化的任务，专注于睡眠。

要点

虽然也有例外，但是我的入睡时间基本是固定的。因为不可能随心所欲地度过一天，然后突然说“接下来该休息了”。上床睡觉是一天中“最后”一项流程，如果不规定结束时间，很容易拖延到很晚。

为此，养成入睡之前的一系列习惯是很重要的。我一般在晚上8点半定好计时器，由此开始每天晚上的固定活动。

计时器一响，就进入“刷澡盆→放热水→泡澡→吹干头发→刷牙→准备第二天的运动服和饮用水→拿好书钻进被窝”的流程。

我尝试了各种方式，认为最有效的就是配合闹钟，“控制好第一步”。

不让大脑“变得冲动”

很多人在下班后变得疲惫不堪，容易受到诱惑。明明想好了今天回去要做很多事情，结果一到晚上，还是会陷入同样的局面。这是为什么呢？

不是依靠意志力，而是依靠机制作战

屈服于眼前的诱惑，并不是因为意志力薄弱。**如果压力激素增加，大脑就难以抑制冲动，所以无论如何都抵挡不住诱惑。**

为了避免这种情况，就要改变自己的行动和思考方式。

避免自我消耗

如果大脑累到筋疲力尽，就容易变得冲动。到了这种程度，即使不想随波逐流，也难以做到。想要控制冲动的时候，基本上败局已定。

这时，能做的只有远离环境诱惑。例如，不在家里备酒，

拔掉无线路由器的电源以免沉迷观看视频而无法自拔。除此之外，别无他法。因为仅仅依靠意志力战胜冲动是不现实的。

所以，我尽量不把自己的能量全部耗尽。如果感觉被步步紧逼，那就先从那个地方逃离。暂时中断工作或者请对方宽限几天时间，尽量远离那个场所。

若非如此，恐怕就连当天的私人时间都得不到保障。

小贴士

不同于自我消耗，酒精、药物依赖症的患者在“空腹”“生气”“孤独”“疲劳”的情况下，意志力低下，容易受到眼前事物的诱惑，需要格外注意。如果这几种因素叠加在一起，尤其危险。

通过休息恢复意志力

各项研究表明，和肌肉一样，意志力是可以锻炼的，而且如果使用过量会被消耗。同时，**也可以通过休息得到恢复。**就像肌肉通过休息能得到恢复一样，休息对于意志力也是有效的。

被工作消耗意志力的时候，在被冲动支配之前，和信赖的人交谈，或者观看一些自己喜欢的搞笑视频，让自己开心地笑一笑吧。

适当的休息可以恢复意志力，继续对抗冲动。

意识到将要失去的东西

如果能意识到“即将失去的东西”，就会对诱惑保持更高的警惕性和危机感。

就像得了一场大病，以前难以做到的戒酒就能轻松实现了。

如果一直这样下去……稍微想象一下可怕的事情，给自己敲个警钟。

想想“为什么”

减肥的时候，想象一下，如果忍住不吃眼前的点心，就能收获纤细苗条的身材，一定会有效果。

工作场合，不妨构想一下自己在会上做出铿锵有力的发言，会得到上司对项目的认可。

想一想“为什么”必须要这样做。如果能正确地认识到目的所在，就能恢复干劲。

控制容易冲动的大脑

要操纵大脑，“步骤”比动力更有效。

弗吉尼亚大学的蒂姆·威尔逊（Tim Wilson）和哈佛大学

的丹尼尔·吉尔伯特（Daniel Gilbert）联合开展了一项有趣的研究。两人询问去超市购物的人“是否空腹”，然后看他们在超市到底买了些什么。

回答“空腹”的人购买了很多计划外的商品。但是请他们写好“购物清单”之后再进超市的时候，回答“空腹”的人几乎没有购买计划外的商品。

也就是说，并不是“鼓足干劲”说着“今天可不买点心啊”，然后去逛便利店或者超市，而是**把“购物清单”写在纸上再去逛超市。写下来才能控制大脑的冲动。**

人会根据状况去满足自己的欲望。但是，**如果认真制订计划，冲动也能被抑制。**

第 5 章

利用注意力提高时间密度

本章介绍最前沿的研究成果，帮助你保持顶级的注意力。

让你的1个小时相当于过去的3个小时。

不优先考虑别人的要求

实际上，只有 1% ～ 2% 的人能够同时进行多项任务，其他人的大脑不能同时处理多项任务。你以为是同时进行多项任务的情况，不过是单纯的任务切换。

大脑每次只能思考一件事

斯坦福大学的神经科学家埃亚尔·奥菲尔（Ayal Ophir）博士强调，“人不可能真正实现一心多用。通常情况下只不过是在进行任务切换而已，**从一项任务迅速切换到另一项任务**”。

你可以尝试一边从 1 数到 10，一边做会议记录。一定会有某一项乱成一团。

我们无法同时处理需要使用大脑前额叶皮层的两件事情。

而且，切换任务的时候，要恢复到原来的注意力平均需要花费 25 分钟，实际上需要消耗相当大的大脑能量。

虽然很多人毫无意识地在开会的间隙查收邮件，或者一边撰写文件一边查看聊天软件的新消息，但是每次大脑的注意力都会被破坏，再重新集中到新任务上。

你是否有类似的感觉——感觉自己非常忙，也非常累，但是好像没完成什么正事。

这是因为貌似多项任务的切换破坏了大脑的专注力。

如果不能保持高度集中，大脑的认知功能就会降低

更可怕的是，**这种任务切换会导致大脑的功能衰减。**

如果不具备认真理解信息的能力，大脑就会形成经常在不同信息之间切换的模式，理解力和记忆力就会下降。

也就是说，我们需要通过短时间专注于某一项任务来提高效率。

当你**沉浸在一项任务中时，很容易形成被称为“心流状态”的深度专注状态，能力比平时提升很多，还能够获得心理满足感。**

在度过私人时间的时候也是一样的。难得有想做的事情，如果总是心不在焉，满足感就会下降。因此要有意识地在做某事的时候全神贯注。

不必优先考虑别人的要求

我们的注意力总是容易被影响的原因之一就是“认可欲求”。我们心中有一种“想要得到他人认可”的令人难以抗拒的强烈愿望，所以即使是一个小小的请求，我们也很难拒绝。

而且，顺应刺激做出反应，并以此生活，比重新认识自己的生活方式要轻松得多。

换句话说，在实施我要介绍的各种技巧之前，你必须下定决心，“把自己的诉求放在别人的诉求前面”和“自己决定自己的时间怎么用”。

关闭智能手机的推送

干扰注意力的最大因素是智能手机的消息推送。

我们的生活被这个小机器填得满满当当，如今就连旁边坐着的陌生人手机一响，我们都会做出反应，严重干扰注意力。

整理应用软件

为了不让智能手机的推送破坏我们的注意力，**需要把所有的推送关掉。**在手机的设置功能中就可以完成。当然，振动音也要关掉。

电脑也是一样的，建议大家把所有的通知都关闭。尤其是弹出来的通知邮件，喜欢的博客、视频出现更新等，即使你觉得自己在有意识地忽略这些信息，它们也会打断你的注意力。从“设置”里面统一关闭所有的通知吧。

我在使用 Apple Watch 的时候，也会关闭所有通知。使用 Apple Watch 是为了监测心率，而不是为了一边跑步一边回复邮件。

如今我掌握了运动的强度和心率变化，已经不再使用 Apple Watch 了。

当关闭通知之后，才发现大多数应用软件都是没有必要的。以前即使没有紧急的事情，每次有社交媒体和网络新闻的推送时，我都会一一查看。但是后来发现，如果没有通知，自己也不会主动打开相关软件，结果并没有任何影响。

既然如此，每次打电话的时候，映入眼帘的、整整齐齐的显示在主页的应用软件是不是都能删除呢？我渐渐萌生了这种想法。

清点应用软件的数量

让我们来数一数到底在智能手机里安装了多少个应用软件吧。

很多人应该都超过了 100 个。这很令人惊讶吧。但是，恐怕大部分确实有这么多。其中，每天都会用到的又有几个呢？

根据应用软件分析平台的数据整理形成的《移动市场白皮书》（FULLER 株式会社）显示，2019 年日本人平均安装的应用软件数量为 99.3 个，使用的数量是 37.5 个。

两周以上没有使用的应用软件，可能是因为“也许什么时候能够用到”或者“要查阅某份资料，必须要下载”等理由安装的。

但是，今后应该考虑的不是“也许什么时候能够带来便利”，而是“现在能否让自己的生活更加方便”。

你真的需要那个软件吗？

删除不需要的软件

要删除应用软件，“数码整理”的方法很好用。这是乔治城大学副教授卡尔·纽波特（Cal Newport）在《数字极简主义》一书中介绍的方法，具体操作步骤如下。

1. 设定 30 天的重置时期，停止使用不必要的应用软件。

2. 在 30 天内寻找、发现有乐趣、有价值的新东西。

3. 重置时期结束之后，将停止使用的应用软件重新安装，逐一分析每一款应用软件对自己的好处，最大程度地发挥其优势。

也就是说，在实行数字极简主义的同时，重新构建自己的生活方式。

不要成为智能手机的奴隶，自己决定想要的人生。想要灵活地运用技术手段作为辅助，就要主动选择需要使用的功能。

卡尔·纽波特表示正是这样的自主选择极大地提高了人生的充实程度。

我现在保留的应用软件如下。

- 地图、公交卡、出租车等辅助交通出行的软件。
- 日历、天气、搜索引擎等查询软件。
- 邮件、Messenger、Zoom、Dropbox 等工作软件。
- 音乐、英语、菜谱、Kindle、TED 等学习软件。
- Facebook、Instagram 等信息联络软件。
- 支付软件。

整理后发现，我需要用的软件不过就是这些。而且这些软件基本满足了各方面的需求。

要点

在犹豫是否应该删除某个软件时，建议大家最好将原有状态截屏保存或者记录删除的软件名称。万一突然“想要安装某个软件”立刻就能找到，心里踏实很多，删除的时候也更干脆（实际上并没有那么重要的软件）。

逃离手机的支配

卡尔·纽波特曾提到实行数字极简主义的人会在家附近开展志愿者活动、定期锻炼身体、每个月阅读 3 ~ 4 本书，有人甚至开始练习尤克里里。

尝试放下曾经片刻不离手的手机，就能**从魔咒中解脱出来，跟家人相处的时间越来越多，和孩子的关系也越来越亲近**。

即使在感觉无聊的时候也不会习惯性地拿起手机，也不会觉得手机带来的好处减少了。

也就是说，我们不是在享受技术带来的好处，**大多数时候，只不过是盯着手机屏幕打发时间而已**。如果因为这个原因度过被动时间，那只能控制自己不去触碰手机。

给手机设定关机时间

卡尔·纽波特在建议我们删除软件、不把手机放在手边的同时，**还建议我们给智能手机设定一个“关机时间”**。

晚上9点至次日早晨7点，要关掉电源不用手机。这样就可以避免出现不知不觉沉迷其中、浪费时间的情况。

卡尔·纽波特的一个朋友购买了手表。因为他浪费时间的缘由之一就是经常把手机放在身边查看时间。

由此开始**从触碰、注视等单纯的接触进入度过被动时间的过程。**

我们生来就是懒惰的，容易认为既然能够通过网络加深友情，那就使用网络吧。所以，当朋友家有宝宝出生，与其特意赶到对方家中庆祝，我们更乐意选择通过短信发送祝福信息。

但是，由此培养出的友情，远远比不上在现实生活中当面祝贺。因为大家知道，任何人无论在任何状况下做出任何表情，都不妨碍他发送邮件。

同时，**智能手机将与眼前的人共度的时光搞得一团糟。**即使在跟身边的人面对面讨论严肃的话题，一旦听到消息的提示音或者看到屏幕上的通知，我们总是忍不住会分心。

想要重新掌控自己的人生，必须要和智能手机保持一定的距离。

而且必须要有意识地去享受眼前的瞬间。

特别提示

闹钟、购物清单、记录步数……集所有功能于一身的手机，现在固然是一种必不可少的便利产品，但它也是造成我们做任何事情都心不在焉的原因所在。

关闭闹钟就能看到邮件，想要打开笔记又被新闻推送吸引。经常受到邮件、资讯、社交媒体的诱惑。这些全部都是别人掠夺你的时间并将其换成金钱的机制。

所以，我想提议有些领域不妨回归传统。例如，闹钟功能就用实体闹钟，购物清单写在纸上，计算步数用计步器。

这种生活方式的满足度更高，这是几年前的我难以想象的。

和社交媒体保持距离

精神科医生安德斯·汉森在其著作《智能手机大脑》中指出，**现代人平均每天拿起智能手机的次数约 2600 次。**

“人们对于破坏注意力的事物如此缺乏抵抗力”，他对这一研究结果深表惊讶。

以前面对面的社交场合，现在逐渐转为在线交流，今后使用手机的时间可能只会越来越长。

过去用来看电视、看报纸的时间也全部转移到了手机上。

事先了解高依存度

安德斯·汉森说过人们对智能手机的依存度极高，手机堪称“最新的毒品”。这是因为从古至今，大脑为了保证生存，一直通过“获得新信息”，分泌能让人感受到快乐的多巴胺作为报酬。

当今，“新信息”通过智能手机和电脑传输。于是，每次点击新通知的时候，大脑就会分泌多巴胺。

而且，在期待“也许”能够收获新信息的情况下，多巴胺会分泌得更多。所以每当手机响起提示音，大脑就认为“也许是重要的通知”，任何时候都查看手机。

再加上社交媒体上有人会“点赞”，得到认可的需求也被满足。因此，更加深了对手机的依赖。

IT 行业的巨头不让孩子接触智能手机

社交媒体确实很方便。能够和昔日同窗、旧友再会，还能了解最新的流行资讯。如果能够追随自己支持的人或者了解崇拜的人的生活，社交媒体将会成为一种快乐的工具。

但是千万不要忘记，人们对它的依赖性太强。这是很危险的。

听说史蒂夫·乔布斯甚至不把 iPad 放在孩子身边。比尔·盖茨不让孩子在 14 岁之前拥有手机。

作为苹果公司、微软公司的创办者，他俩不约而同地限制孩子使用智能设备，可见高依存度是不争的事实。

尽量少用社交媒体

此外，通过社交媒体向网页转移的情况屡见不鲜，这也是一个很大的问题。

为此，我决定把社交媒体作为发布信息专用的工具，其余时候尽量不看。

当然，如果有想要了解的信息，或者需要确认的客户信息，我还是会看的。只是不通过手机，而是使用搜索引擎从电脑浏览器查看。

这些信息是否值得花费那么多精力去看呢？我会设置一些障碍。通过增加难度，我的精神警报在中途会报警——“嗯，像这样再看几分钟，今天就过去了”，自己就会有这样的紧迫感。

当精神警报响起的时候，我就会看看钟表，给自己规定好“再看几分钟就停下来”。

有些人会认为朋友只能通过社交媒体保持联系。不过，我建议你思考一下，**对方是否是需要你不惜改变自己的生活节奏也要维持联系的对象。**

不假思索地“点赞”一旦成为习惯，就不会去思考与对方的关系跟所付出的精力之间的平衡。

真正想见的朋友，通过电话或者邮件应该都能取得联系。

不被剥夺的“思考的时间”

《数字极简主义》的作者卡尔·纽波特指出，从 1995 年之后出生的年轻一代中可以发现某种趋势。

为了排遣孤独、随时和世界保持联系，导致越来越多的年轻人出现心理健康问题。

想家、饮食障碍、抑郁等症状原本在青少年当中很常见。但是，尤其是**在这一代人当中，焦虑症似乎正呈上升趋势。**

世界级专家在《大西洋》月刊上发表了一篇历时25年的调查报道，其中指出，大家公认“十几岁的未成年人患抑郁症的概率和自杀率在迅速上升”。

某知名大学心理健康中心主任长期关注学生的状况，他推测这种现象可能是由于现在的学生长期通过社交媒体进行交流，导致大脑内部的物质发生了某种变化。

也就是说，**大学校园内焦虑症病例激增的时期，正是伴随智能手机、社交媒体成长起来的那代人考入大学的时期。**

受到不安折磨的年轻人，在社交媒体诞生之前当然也存在。

但是，像现在这样不断暴露在刺激下的孩子们，**被剥夺了思考的时间，难以回顾自己的感情并加以反省，重新思考被自己隐藏的真心话，考虑到底什么才是自己真正珍视的东西。他们甚至失去了思考的能力。**

尤其是社交媒体只截取日常生活中特别美好的场景。如果一直在关注类似的事物，心理健康出现问题也毫不奇怪。

甚至可以说，在成年人身上也出现了同样的问题。

只是不断地对强烈刺激做出反应的人生，既没有满足感，也没有幸福感。

有时候，我们是需要独处的。

而且，不同于构筑网络上的人际关系，现实生活中的当面交谈，观察对方的表情、语气进行社交的能力，是生存在这个世界上不可或缺的。但是，据说经常在网络上进行人际交流，导致很多成年人逐渐丧失了这种能力。

如果要停止使用社交媒体，会不会错过有价值的信息呢？我想有人会感到不安。不过，我个人认为，与其被那些令人不愉快的内容搅得心烦意乱，或者接收让人痛苦的信息，不如增加属于个人的时间。相比较而言，还是后者好处更多。

错过之后会令人扼腕叹息，这样的东西在社交媒体里是不存在的。

锻炼专注肌肉

注意力是可以通过锻炼提高的。

制订“一天当中两个小时内必须全神贯注地完成这项任务”的目标，在这个框架内认真地进行提高注意力的训练。

首先，让那些分散注意力的东西从视野中消失，创造良好的环境。

另外，避免和同事说话或者接听电话，这都容易导致精神涣散。如果在办公室无法集中注意力，最好暂时待在会议室或者咖啡厅，进行物理隔离。

切分时间

当有了一个良好的环境后，就可以开始切分时间，进行专注于一件事情的训练了。在规定的时间段内，即使注意力被打断，也不要去做计划外的工作。

最初的阶段，可能会忍不住查看邮件、处理突然想起来的事情，这时一定要把注意力拉回目标任务上。这个纠结的过程才最能锻炼大脑的专注力。要坚持，深呼吸，坚持再一次把注意力拉回来。

当然，智能手机也要妥善处理。把手机放在包里，放在看不到、够不着，而且是听不见振动音的地方。

掌握自己独有的节奏

虽然有各种说法，但是**一般认为人最多能保持 15 分钟的高度集中，一般程度的集中最多只能坚持 90 分钟。**

我个人的经验是“集中精力工作 60 分钟，再休息 10 分钟”，这种时间分配是最易实现的。但是具体情况因人而异，不妨借助定时器。

无论哪种做法，**如果不安排休息时间让大脑得到恢复，注意力就会低下、表现会变差，所以区分时间也很重要。**

向初学者推荐番茄工作法

如果从一开始无法持续专注 60 分钟，那我建议从番茄工作法开始。

番茄工作法是意大利顾问弗朗西斯科・西里洛（Francesco Cirillo）设计的一种时间管理方法，具体做法是，**使用定时器将 25 分钟的工作和短暂的休息设置成一个单元。**很多人将休息时间定为 5 分钟，也就是说，30 分钟为一个单元。

工作的时候不断循环这种单元，既能保证不过度消耗精力，还能确保长时间专注于重要的工作。顺便说一句，如果完成了

4 个单元，可以连续休息 30 分钟。

1个单元=1个番茄钟
完成4个单元休息30分钟

有些人的工作方式是在工作的同时查收邮件，或者工作中时不时和同事聊天。对于他们来说，在 25 分钟内只专注于一件事情，可能也会觉得漫长。

但是，如果把握好节奏，在专注的过程中也能收获快感。完成之后大脑会变得清醒，建议体验一次。

不断提醒自己“再坚持一会儿”

使用“番茄工作法”的时候，推荐大家使用一款非常方便的软件 Focus To-Do。把当天该做的工作写进任务栏，点击“开始”按钮就会自动进行 25 分钟倒计时。25 分钟之后会响起清脆的铃声，屏幕随之显示“休息 5 分钟”的按钮，点击之后开始 5 分钟倒计时。反复操作就能保持注意力集中。

一般来说，25 分钟很难完成一定量的工作，很想尽快开始下一步，所以重点是像这样坚持好几个单元。最忙碌的时候，我一共完成了 24 个单元，连自己都感觉惊讶。

小贴士

在休息的间隙，建议尽量不要触碰手机。休息时间是为恢复大脑机能设定的，利用其他刺激激活大脑并不是一个好主意。稍微做一些拉伸动作来放松肌肉，或者深呼吸，都是不错的方法。

我经常做的是，在原地轻轻跳跃或者踏步。活动久坐的身体，改善血液循环，为大脑输送氧气，有利于提高之后的工作效率。

注意力可以像肌肉一样锻炼

注意力是可以像肌肉一样锻炼出来的。和锻炼肌肉一样，一开始会觉得难受，如果不经常使用，就会衰退。

长期同时推进多项任务、无法专注于一件事的人，也许会像好久不去健身房一样，感到很困难。

但是，重要的是**不存在“对任何事情都能全神贯注的人”**。既有虽然能专心看书，却不能专注于阅读资料的人；也有虽然能专心做饭，却无法专注深入思考人生的人。

这取决于**你在生活中训练的重点**。

所以，选中今后想专心从事的项目加以训练，无论是专注阅读资料的能力，还是深入思考人生的专注力都能训练出来。

如果具备了最强大的专注力，不仅是工作、兴趣爱好，游戏的时间也一定会增添很多乐趣。

通过深呼吸摄入氧气

大脑感到疲劳的时候，深呼吸是非常有效的一个方法。大脑缺氧很容易迷迷糊糊，所以要通过深呼吸给大脑输送氧气。

注意“屏幕呼吸暂停综合征”

“屏幕呼吸暂停综合征”是历任微软研究员、《连线》杂志和《纽约时报》的作家琳达·斯通（Linda Stone）最先提出的。

如果盯着手机或者电脑屏幕，人会条件反射地呼吸变浅或者停止呼吸。据说有调查显示，80% 的美国人有上述表现。

呼吸变浅的原因是很多人在看屏幕的时候，会下意识地驼背。**驼背会使肺活量最大减少 30%，由于大脑缺氧导致认知功能下降。**

而且，屏幕发出的蓝光会唤醒大脑，导致心率加快，呼吸变浅。

注意姿势当然很重要，但是工作中很难意识到这一点。为此，需要定期挺直后背，做深呼吸，给大脑供氧。

养成习惯时间越长、效果越明显的冥想

很多专家指出，冥想对于提升注意力效果显著。

我们都知道，在谷歌等硅谷企业，冥想曾流行一时。实际上，有证据显示，长期坚持冥想会变得更加专注。

著名心理学家、神经科学的理查德·戴维森（Richard Davidson）在哈佛大学读书时曾做过一个实验，他召集了 58 名有冥想经历但坚持时间长短不同的人，调查他们的差异。结果表明，“坚持冥想时间越长的人，焦虑感越少，对事物也更加专注”。

早晨的冥想非常有效，感到疲惫的时候哪怕只有几分钟的冥想，也能恢复注意力。

即使“一分钟的冥想”也能恢复

当大脑感到疲劳的时候，我会用手机定时一分钟，只是闭上眼睛做深呼吸，来集中注意力。

即使没那么疲劳，但是“接下来要完成艰巨的任务”或注意力容易分散时，尝试一下这个办法，就能迅速提高注意力和动力。

不用拘泥于姿势，如果在办公室，坐在椅子上，两手平放在膝盖上，手心朝上，端正骨盆坐好，慢慢做深呼吸就可以了。

如果不能很好地集中注意力，可以在 Apple Music 中播放名为 *Peaceful Music* 的播放列表，然后闭上双眼，**只是把意识**

停留在音乐上，渐渐放空大脑。当你睁开眼睛的时候，就会感觉神清气爽。

你注意到每天转瞬即逝的灵光一现了吗？

获得普利策新闻奖的《华盛顿邮报》记者让·韦恩·加登（Gene Wayne Garden）曾经做过一个有趣的社会实验。

实验内容是在美国华盛顿早高峰时段的地铁站，让身穿T恤、戴着帽子的年轻人演奏小提琴，通过隐藏的摄像头来观察路人的反应。

演奏包括6首古典乐曲，时长43分钟。从他面前经过的人超过了1000人。但是，驻足停留达到1分钟的路人仅有7个。孩子们停下脚步想要欣赏的时候，全都被父母拽走了。

但是，表演者实际上是曾经被视作神童的著名演奏家约书亚·贝尔（Joshua Bell），演奏的是小提琴高难度曲目——巴赫的《恰空》，使用的小提琴更是斯特拉迪瓦里家族制作的价值350万美元的名琴。

就在前几天的音乐会上，有很多人不惜支付 100 美元去选个好位置欣赏他的演奏。仅仅是换了演奏场所，愿意倾听的人就变成了 7 个。

当然，这是一个极端的事例，也许还有些恶作剧。但是，如果在日本发生同样的事情，有几个人敢说“我懂”呢？

我们再次认识到，**每天被时间追赶，有可能会错过生活中的一些美好瞬间。**

只要疲于应付某事，我们在生活中就会不断错过。通过冥想和深呼吸平静心情，就会发现人生中有很多宝贵的瞬间。

如果只专注忙碌眼前的事情，就特意留出一些时间来做冥想、深呼吸。只要养成这样的习惯，就会变得游刃有余。

要点

有很多人一提到冥想就觉得很困难，觉得必须摒弃杂念、全神贯注。其实不用特别纠结冥想的时间，并非一定要选在傍晚。

即使有杂念浮现，也不用特别介意，做好思想准备，“啊，那是杂念”。然后慢慢地吸气，轻轻地吐气。在固定时间内只需反复进行这个动作就足够了。

通过姿势改变心理

还有一个办法和冥想略有不同，可以通过改变姿势来主动调节心情。

哈佛大学商学院艾米·卡迪（Amy Cuddy）教授的研究显示，

“力量姿势”是自己在达成某项目标时表示喜悦心情的姿势，它可以增加人的能量水平。

接下来介绍一个有代表性的动作。

请尝试双脚站立，与肩同宽，手放在腰上，挺起胸膛，稍微抬起下巴。然后像完成某件大事之后一样，大口地呼气、吐气。连续做三次，有没有觉得精神了许多?

正如心灵创伤会影响到身体一样，我们也可以让身体对心理施加影响。选择一些有力的姿势，也可以让心灵恢复活力。

同时，这种力量姿势还有额外的好处，能够提升自信，提高领导能力等，所以艾米·卡迪推荐每天早上都可以做。我觉得在大脑感到疲劳的时候做，效果最好。

下午的重置散步让大脑运转起来

无论睡眠多么充足，下午的时候大脑还是容易疲劳，注意力不集中。这时，最能激活大脑的办法就是散步。

走路居然有如此效果

研究证明，散步可以提高大脑机能。

斯坦福大学博士生玛丽・奥佩佐（Marily Opeso）在 TED 发表了一项有趣的研究。将测试对象分为 3 组，请他们参与两次测试创造性提议的考试。

第 1 组：一边在跑步机上行走，一边接受两次测试。

第 2 组：第一次在跑步机上行走，并接受测试，第二次则是坐下来接受测试。

第 3 组：两次都是坐着接受测试。

结果显示，**一边行走一边回答的小组提出的创意是一直坐着的小组的两倍**。但是，第一次一边行走一边回答、第二次始终坐着的小组和两次都在行走中回答的小组结果没有太大差别。

由此可见，**一旦开始行走，大脑就会活跃一段时间。**

而且，对于心理方面也有良好的影响，**可以减轻不安情绪，排解压力，提升幸福感。**

再加上行走有瘦身效果，还可以预防心脏病、降低血压，所以行走对身体可谓是百利而无一害。

规定每天行走的时间

散步和慢跑保持在 20 分钟左右是最好的，如果能坚持 10 分钟也可以。不用特意安排散步的时间，只是出门去午餐地点，也可以抽时间散步。

行走 1 个小时并不容易，但是行走 10 ～ 20 分钟并不是难事。配合每天的日程规定好时间，就更容易坚持这个习惯。

我个人是在午餐之后，在附近散步。大概 10 分钟，也不用写到日程表里，但是**足以预防午餐消化之后血糖升高犯困的情况。**

谷歌员工也在坚持的步行冥想

你可以在行走的时候进行“步行冥想”。

谷歌公司的员工培训课程正念情商暨领导力课程 SIY（Search Inside Yourself）中提到了“步行冥想”，重点是像冥想一样，只专注于“步行”。一边缓步行走，一边把意识放在手脚的活动和感觉上。步行一段时间后会产生杂念，所以再次将注意力集中在走路上，不断重复这个过程。

这样可以锻炼注意力。

只是享受散步这件事

虽然如此，“步行冥想”需要高度的技巧和专注力，所以仅仅做到在走路的时候享受行走本身就足够了。

在散步的时候，感官容易受到刺激，如“天气真好啊”“风好凉啊”，单纯地感受“当下”。**如果只感受“当下”，就可以从对未来的不安中解放出来，减少压力。**

哲学家康德每天花 1 个小时去街头散步，这是他每天的功课。他一定会在下午的固定时段出现，所以留下了一段逸闻，人们会根据他出现的时点来校对时钟。

除了康德，还有亚里士多德、尼采、弗洛伊德、狄更斯、贝多芬等，很多思想家和艺术家都经常散步。尼采还留下了这样的名言——“伟大的思想都是在散步的时候诞生的”。

近年的研究表明，从科学的角度来讲，散步具有积极效果。尤其是在大自然中行走的时候，大脑会发生生理性变化，减少焦虑和压力，呈现出和冥想一样的状态，更容易有创造性的发现。

引 用

> 我每天至少花 4 个小时散步，有时甚至更长时间。如果不远离尘世，在森林、山丘、荒原中散步，恐怕难以维持身心健康。
>
> ——亨利 · 戴维 · 梭罗

感到疲劳的话，就起身走动

除了在下午散步，在感到疲劳的时候，起身走动也很有效果。在公司里到处转悠也可以，或者下楼后再爬楼梯上来，既可以调节心情，还能促进血液循环，激发能量。

腿被称为第二心脏，像一个泵，将由于重力作用聚集在下半身的血液送回心脏。也就是说，**活动腿部，可以改善血流，向大脑输送氧气。**

嚼口香糖

受工作影响，不方便离开座位去散步的时候，嚼口香糖也是一个有效的方法。有田秀穗教授指出，**包括咀嚼在内的节奏运动，有助于分泌带有治疗作用的激素——血清素，减少我们的压力。**

据说在德国南部的某所小学，老师建议学生在上课的时候嚼口香糖，以此缓解压力、提高注意力。

要 点

圣劳伦斯大学的心理学家团队进行了一项实验，让159名学生解读数字反复出现的复杂逻辑谜题。让一半学生一边嚼口香糖一边作答。

结果表明，相比不嚼口香糖的学生，嚼口香糖的学生在6项测试中惊人地完成了5项。

这项实验足以证明注意力和嚼口香糖之间的密切关系。

让生活张弛有度

据说在英国进行的一项调查显示，受新型冠状病毒肺炎疫情影响而不得不远程办公的人们，他们所感受到的压力来自“无法区分工作和私人生活的界限”。

由此英国国家医疗服务体系（NHS）建议他们在工作开始和结束的时候，行走 20 分钟来“模拟通勤”。

因为呼吸新鲜空气会给心情带来积极的影响，眼睛接触太阳光，让生物钟变得更准时。

当远程办公无法灵活调整心情的时候，散步就像一个开关，也能发挥积极作用。

创造心流状态

专注力的最高点是“心流状态”。

心流状态，是心理学家米哈里·契克森米哈顿（Mihaly Csikszentmihalyi）提出的术语，表示废寝忘食、沉迷某件事情时的状态，是专注的终极状态。

很多人或许在运动员的专访中听到过这个词。

如果自己能够创造心流状态，该有多好啊。

终极专注会发生什么

史蒂文·科特勒（Steven Kotler）和杰米·惠尔（Jamie Wheel）曾研究过心流状态与巅峰表现，他们提出，“一旦进入心流状态（区域），专注力会达到极限，其他一切事物都会消失”。而且，“身心双方的一切表现都会超过极限，不断提高”。

疲惫、饥饿等身体感觉和一直以来对金钱、健康的担忧都消失殆尽，对时间的感觉也会消失。人的注意力是有极限的。

处于心流状态时，因为只是专注于眼前的工作，所以没有余力去关注其他事情。

此外，据说大脑的额叶皮层和前额叶皮层会保持沉默，终止对自己的批判性思考。比任何人都严格要求你的只有你自己。“终归还是会失败的”“老是战战兢兢，所以不可能成功”之类的自我否定想法，全部都消失了。

这些**消极思考和焦虑总是会干扰注意力**。如果它们消失了，将会高度专注于眼前的事情。仅仅是想象这个情景就是非常理想的状态了。

产生心流状态的条件

奇克森特·米海伊指出，产生心流状态的条件包括以下要素。

- 挑战略有难度的事情。
- 使用较高的技能。

这是沉浸在个人爱好中的一种状态，如演奏钢琴、体育运动等。游戏也是利用这种感觉，让人沉迷其中。

当然也可以运用在自己的工作中。

切实制订近期可能实现的目标

即使制订好了一周的计划，在开始工作之前，最好仔细查看当天的安排。正确认识自己应该完成的任务，有助于提升动力。而且，事先设定好回家的时间，通过“截止效果”提高专注力，容易抛开杂念，专注于完成自己的课题。

重新思考工作的意义

你喜欢自己的工作吗？你认为工作对别人有帮助吗？如果不能立刻作答，那么就重新思考一次。

是否认为自己从事的工作具有价值，是能否进入心流状态的重要因素。

挑战新事物

面对熟悉的工作，也许会觉得“每天都一样啊”。但是，**失去感动、感到无趣，是心流状态的对立面。**从事过于简单的工作，是无法进入心流状态的。

心流体验会发生在挑战略有难度的事情时。偶尔也挑战一下新事物吧。

持续成长

无论是演奏乐器还是从事体育运动，想要乐享其中都需要一定程度的技能。工作也不例外。心流体验，尤其如此。

奇克森特·米海伊在TED演讲中提到，“要获得自动、自发的心流体验，需要一定程度的技术支持”。

也就是说，**想要获得心流体验，必须要不断成长。**惯性没有任何乐趣。一定要把辛苦变成快乐，收获成长。

心流体验不单纯是为提高工作表现而存在的。毫无疑问，心流体验是一种快感。大脑激素不断分泌、沉浸之后的幸福感，大家在学生时代的社团活动和学习过程中都有所体会吧。

从科学意义上来说，心流体验也可以提升幸福感。而且，体验这种状态，可以收获新发现、萌发新创意，让人变得积极向上，充满活力地迎接未来。

不妨从兴趣爱好开始，尝试自行掌控达到极致的专注。

特别提示

在谷歌，为了体验这种心流状态，公司鼓励员工参加被称作世界最奇特的活动——火人节（Burning Man）。火人节是指在美国内华达州沙漠地区举行的一年一度的庆典活动。参加人员携带衣服、食物、帐篷等必需物品，在沙漠生活一周。

期间可以做任何事情。无关社会地位、金钱，只是去做自己喜欢的事情，和身边的人一起合作完成想做的事情。在网络上搜索“火人节”不难发现，参加者很注重服装搭配，会花费心思去把帐篷装点得很时尚，简直就和狂欢一样。

特斯拉的CEO埃隆·马斯克甚至说过“如果不曾参加过火人节，就不能说自己是硅谷人”。他表示，参加火人节不仅能获得最佳的体验，还能使创造力飞速提升。

据说谷歌公司的创始人拉里·佩奇和谢尔盖·布林每年都会参加火人节。

最棒的人生从现在开始

据说人在临终之前最后悔的事情就是“如果能够减少工作，真诚地面对自己，和珍爱的人共处就好了”。

本书是为了减少怀有这种遗憾想法的人而写的。

通过阅读本书，属于你自己的时间应该会大量增加。不限于此，我还要解释能让你的生活升级的 6 个理由。

更加健康

熟练地进行时间管理，自然就可以有效地利用早晨的时间，调整生活节奏，注重饮食生活和体育锻炼，所以健康状况会大幅改善。

明确人生的优先顺序

时间管理可以让你优先考虑“对自己来说真正重要的事情”。其结果是从“没能完成重要的事情”这种压力中解放出来，让情绪变得更加稳定。而且，思考时间的使用方法会让人对掌控人生充满自信。所以，情绪会更加稳定。

梳理人际关系，和重要的人更加亲近

改善时间管理，首先能够确保和家人相处的时间以及私人时间。在和珍爱的人共度的时光里，能够专注于和对方相处，而且表现得更加从容，所以会减少感情上的摩擦。

另一方面，重新思考并减少和“不想共处的人”在一起的时间，人际关系也会得到改善。

收获成长

阅读本书就能理解，时间管理既不是长时间工作，也不是压缩时间，而是决定将 24 小时全部用在自己身上，任何任务都是“为了自己”而努力。这正是本书中时间管理的精髓。

制订计划、全神贯注于对自己来说真正重要的事情，可以提高目的意识，实现不断成长。

有余力去思考经济方面的问题

诚然，幸福的人生不能用金钱来购买。在人的一生中，金钱发挥着重要的作用。但是，如果每天被时间追赶着，就无暇顾及投资、节约、思考跳槽的时机、考取资格证、从事副业、独立创业等提升收入的事情。

时间管理能让你从事提高收入水平相关的活动，让你有余力去思考未来，这将直接关系到你的经济状况。

创造幸福的人生

每个人拥有的时间都是相同的。虽然不能从物理上增加时间，但是我们能够选择“利用拥有的时间从事什么活动”。

1 天 24 小时、1 周 168 小时，逐一思考这些时间中从事的活动，将它们替换成积极的内容，就能够创造幸福的人生。

新型冠状病毒肺炎疫情的全球性爆发，破坏了曾经习以为常的日常生活。很多人无法外出，一直忍耐着等待疫情消失，每天不得不在一个消极的圈中度过。这种状态让很多人压力倍增，感到焦虑。

但是，重新看待自己利用时间的方法，应该会挤出时间去尝试新鲜事物。如果你能感觉到，“天啊，还有这么多事情没有体验过”，作为本书的作者，我将会感到无比开心。

最后，要衷心感谢本书的责任编辑为我提供了大量的建议和帮助。感激不尽。

池田贵将

读书笔记

读书笔记

读书笔记